KB057619

잘나가던
기업이
왜 망했을까?

SEKAI TOSAN ZUKAN HARANBANJO 25 SHA DE WAKARU SHIPPAI
NO RIYU written by Hiroyuki Araki
Originally published in Japan by Nikkei Business Publications, Inc.
Korean translation rights arranged with Nikkei Business Publications, Inc. through
Eric Yang Agency.

이 책의 한국어판 번역권은 에릭양에이전시를 통해 닛케이비즈니스출판사와 독점 계약한
에스제이더블유인터내셔널에 있습니다.
저작권법에 의하여 한국 내에서 보호를 받는 저작물이므로 무단 전재 및 복제를 금합니다.

잘나가던 기업이 기업이 왜 망했을까?

최대 실적을 거둔 기업이 무너진 이유,
25개 기업의 실패 스토리에서 배우는
경영 원칙

아라키 히로유키 지음
김정환 옮김

시원
북스

실패 사례를 통해 경영 원칙을 제시하는 경영학 교과서

서울대학교 경영대학 이동기 교수

세계적인 경영학자인 미국 하버드 경영대학원의 마이클 포터 교수는 경영전략을 '무엇을 하지 말아야 하는가를 결정하는 것'이라 정의하였다. 이런한 관점에서 보면 결국 실패 사례 연구가 경영전략 공부의 핵심인 것이다.

대학에서 경영학을 강의하고 있는 필자는 사례 연구의 중요성을 절감하고 있다. 사례 연구 중에서도 성공 사례보다 실패 사례가 훨씬 더 의미 있는 시사점을 담고 있다. 성공 사례는 비슷하게 따라 해도 꼭 성공한다는 보장이 없는 경우가 대부분이지만 실패 사례는 따라 하면 확실하게 실패한다. 다시 말하면 실패 사례는 경영자들에게 무엇을 하지 말아야 하는지를 분명히 알려 주는 지침을 준다.

기업 경영자의 기본적인 역할은 전략과 관리이다. 전략은 경영 환경의 변화에 대응하는 사업 모델 혁신을 의미하고 관리는 전략의 치밀한 실행을 의미한다. 기업 도산이나 경영 실패는 전략적 혁신의 실패나 조직적 실행의 실패에서 비롯된다.

일견 지극히 당연해 보이는 명제처럼 들리지만 수많은 기업들이 전략적 혁신과 조직적 실행에 도사리고 있는 위험한 함정에 빠져 헤어 나오지 못한다. 기업 경영자들이 이러한 함정에 깊이 빠지지 않기 위한 최선의 방법은 다양한 실패 사례를 학습하는 것이라고 생각한다.

'잘나가던 기업이 왜 망했을까?'라는 제목이 붙여진 이 번역서는 한때 최고의 실적을 거두었던 25개 기업이 도산한 이유를 체계적으로 분석하고 정리한 실패 사례 스토리텔링이다. 실패 사례를 통해 경영 원칙을 제시하는 경영학 교과서라 볼 수 있다.

널리 알려진 미국과 유럽 기업 사례들뿐만 아니라 잘 알려지지 않았던 일본 기업 사례가 다수 포함되어 있어 우리나라 독자들에게 주는 현실적 시사점의 폭이 넓다. 또한 원저자가 비즈니스 스쿨에서 '경영전략'을 가르치는 일본 벤처기업 경영자로서 실무와 이론 모두에 밝다는 점은 이 책에 대한 신뢰감을 높여준다.

이 책에서는 25개 기업 도산 사례의 스토리를 서술하고 '각 사례에서 우리가 배워야 할 점은 무엇인가'를 제시한다. 특히 도산 원인을 '전략적 변신'에 문제가 있었던 경우와 '실행 매니지먼트'에 문제가 있었던 경우로 크게 나누어 유형별로 분석한 점이 돋보인다. 이 책에서 소개된 사례들 중 몇 개만 예를 들어보자.

넷플릭스와 같은 새로운 비즈니스 모델의 확산에 적극 대응하지 못한 블록버스터 사례, 스마트폰의 등장 등 급격한 디지털화 트렌드에도 불구하고 비즈니스 모델의 혁신에 실패한 코닥 사례 등은 비즈니스 모델의 근본적 혁신이 필요한 상황에서 부분적 수정에 집착한 전략적 혁신 실패 사례들이다.

한편 원래 취약한 비즈니스 모델을 가지고 있었던 일본의 D램(DRAM) 반도체 기업 엘피다메모리가 글로벌 금융 위기라는 환경 변화를 맞아 도산한 사례는 위기 상황을 극복할 수 있는 회복 탄력성을 지닌 탄탄한 비즈니스 모델 구축의 필요성을 일깨우는 사례이다.

또한 고위험, 고수익 융자처 개척이라는 전략을 위험관리 역량 제고 없이 무모하게 추진한 일본 지요다생명보험 사례, 연구개발 기반의 고부가가치 바이오 기업화 전략을 치밀한 관리 시스템 없이 추진한 하야시바라 사례, 품질 우위에 대한 자신감만으로 품질을 담보하는 현장에 주의를 기울이지 않은 일본 에어백 제조회사 다카타 사례 등은 전략과 실행 관리 역량 간 갭이 중요한 경영 실패의 원인임을 보여준다.

이 책에서 제시된 다양한 경영 실패 요인을 극복할 수 있으면 그 기업은 지속적 성장 기업이 될 수 있다. 머리를 싸매고 지속적 성장 전략을 짜내는 것보다 실패 사례가 제시하는 하지 말아야 할 것들 리스트를 만들고 잘 지키는 것이 보다 효과적인 지속성장 전략일 수 있다.

최근 우리나라 대부분의 기업들은 코로나 사태로 인한 디지털 혁신 압력, 정부 규제 정책 변화, 미중 갈등 고조, ESG 요구 증대 등 전례 없는 환경 변화와 전략적 혁신 필요성에 직면하고 있다.

그러나 전략적 혁신을 성공적으로 실행해 내는 것은 쉽지 않은 과제이다. 디지털 혁신만 하더라도 실패하는 기업들이 많다. 따라서 전략적 혁신에 실패하지 않기 위한 기업들의 고민도 깊어지고 있다.

이런 고민을 안고 있는 기업 경영자들에게 이 책은 중요한 지침을 제시한다. 즉, 전략적 혁신은 비즈니스 모델의 근본적 변화라는 큰 틀에서 접근하되 실행은 큰 과제를 잘게 나누어 실행하기 쉽게 해야 한다는 것이다.

마지막으로 이 책을 경영진과 직원이 함께 읽고 토론하라고 권하고 싶다. 전략과 관리의 실패 요인을 극복하여 지속성장 기업이 되는 데에는 무엇보다 조직 구성원의 공감대 형성과 조직 문화의 역할이 중요하다고 믿기 때문이다.

기업이 망하지
않으려면
이것을 배워야
한다

나는 벤처 기업 '플라이어'와 '마나비디자인'이라는 회사를 경영하는 가운데 비즈니스 스쿨에서 '경영 전략'을 가르치며 학생들과 토론을 거듭하고 있다. 본업인 경영자로서 조직 운영과 전략 수립에 힘쓰고, 업무가 끝난 뒤에는 실제 경험에서 배운 바를 학생들에게 전한다.

이렇게 '경영자와 교육자의 이중생활'을 해 온 지도 벌써 10여 년이 흘렀다. 이론을 가르치는 입장이지만 경영 현장에서 그 이론을 실천하기가 얼마나 어려운 일인지 매일같이 실감하고 있다.

학생들을 가르칠 때 실제 기업 사례를 활용하는데, 국내외 비즈니스 스쿨을 막론하고 거의 대부분이 기업의 성공 사례를 사용한다. 성공 사례는 행복한 이야기이기 때문에 관계자들도 모두 말하고 싶어 하며, 그 결과 사례 연구의 교재가 되기 쉽기 때문이다. 반면에 실패 사례는 책임 문제라든가 이해 당사자와의 관계라든가 사정상 말하기 껄끄러운 탓에 교재로 쓰기가 어렵다.

당사자가 실패 경험을 냉정하게 언어화하고 그것을 학습 소재로 활용하는 것은 매우 어려운 일이다. 그런 까닭에 교재로 쓰이는 실패 사례는 드물지만, 큰 깨달음을 얻을 기회와 행동을 변화시킬 계기를 전해준다.

그렇다면 왜 실패 사례가 성공 사례보다 더 많은 것을 가르쳐 줄까? 반면교사, 즉 '실패를 통해서만 깨달을 수 있는 것이 있기 때문'이다. 경영을 엉망으로 하는데도 좋은 경기 덕분에 단기적인 성공을 거두는 기업은 수없이 존재한다. 그러나 성공하고 있는 와중에 '경영의 본질적인 과제'를 깨닫기는 매우 어렵다.

이유는 간단하다. 잘나가고 있기 때문이다. "매출 증가는 수많은 문제점을 감춰 준다"라는 말이 있다. 매출이 오르고 있는 동안에는 실패로 이어질 수 있는 요인들이 전부 수면 아래로 감춰진다.

감춰진 요인들은 수면 아래에서 계속 비대해지며, 기업이 실패하는 단계에 접어들었을 때 비로소 수면 위로 모습을 드러낸다. 따라서 기업이 성공하고 성장할수록 다른 기업의 실패 사례를 통해 '수면 밑에 숨어 있는 과제'를 미리 파악하고 주의를 기울일 필요가 있다.

실패는 분명 부정적인 사건이다. 그러나 후세를 살아가는 사람들에게는 성공 사례 이상으로 귀중한 학습 재료가 된다. 나는 기업의 대표인 동시에 비즈니스 스쿨 교수로서 이 점을 절실히 느끼고 있다.

우리도 언제든 실패의 당사자가 될 수 있다

이처럼 '실패 사례의 언어화'라는 문제의식이 머릿속 한구석에 계속 자리하고 있었는데, 우연한 기회에 기업의 실패 사례를 정리한다는 구상이 구체화될 수 있었다. 출판사로부터 "도산 같은 기업의 실패 사례를 알기 쉬운 형태로 정리해서 책으로 내면 어떨까요?"라는 제안을 받은 것이다. '기업의 도산이라는 부정적인 사건을 다루면서도 어딘가 친근감이 느껴지는 내용이었으면 좋겠다, 제3자의 시선에서 비판하는 것이 아니라 당사자의 시선에서 생각해 볼 여지를 남기고 싶다.' 이런 생각을 바탕으로 논의를 거듭한 끝에 쉽지 않은 콘셉트이지만 도전해 보자는 마음으로 집필을 시작했다.

그중에서도 특히 '당사자의 시선'이라는 콘셉트에 신경을 많이 썼다. 실패를 비웃고 비난하는 것이 아니라, 이런 책을 쓰고 있는 나도 실패의 당사자가 될 가능성이 있다는 위기감을 가지면서 '지금 우리는 무엇을 생각해야 할까?'라는 해석까지 덧붙인 것이다.

이 책에서 소개하는 기업은 모두 스물다섯 곳이다. 비교적 잘 알려진 기업을 중심으로 다양한 시대와 업계, 지역을 기준으로 기업을 선정했다.

또한 외부에 공개된 정보만을 조사해 집필했다. 직접 취재를 하면 오히려 쓸 수 있는 정보가 한정될 위험성이 있으며, 무엇보다 '앞으로 우리는 어떻게 해야 할 것인가?'라는 해석에 중점을 두고 싶었기 때문이다.

실패의 이면에 숨어 있는 다섯 가지 패턴

이 책에서는 각각의 도산 사례에 대해 '어떤 기업이었는가?', '왜 망했을까?', '무엇이 문제였는가?', '우리가 배워야 할 점은 무엇인가?'와 같은 항목으로 나누어 깊이 연구했다.

앞에서 설명했듯이 이 책의 핵심은 '실패 사례에서 우리가 배워야 할 점은 무엇인가?'다. 비즈니스 역사에서 우리보다 앞서 기업을 이끌었던 리더들이 주는 메시지를 발견하고, 오늘을 사는 우리에게 어떤 의미를 지니는지 정리했다.

또한 도산 기업의 유형을 크게 두 가지로 나눴다. '전략상의 문제'와 '매니지먼트상의 문제'다. '전략상의 문제'는 다시 '과거의 망령형'과 '취약 시나리오형'으로 나눴다.

'과거의 망령형'이란 한번 성공했던 기업이 성공 경험의 망령에 사로잡혀 전략을 바꿔야 하는 중요한 타이밍에 변화를 주저하다 결국 도산해 버린 유형이다. 이 패턴으로 도산한 사례가 가장 많았다.

'취약 시나리오형'은 전략의 성공 가능성이 애초에 너무 낮아서 결국 실패하고 만 유형이다. 확률이 낮은 도박을 했지만 역시 실패한 사례가 중심이 된다.

한편 전략에 문제가 있었다기보다 그 운용 방법, 즉 '매니지먼트'에 문제가 있었던 도산 패턴도 많다. 대표적인 유형은 '초조함에서 비롯된 일탈형'이다. 경쟁자와 경쟁하는 과정에서 필요 이상으로 조바심을 낸 나머지과도하게 속도를 높이다가 자멸한 패턴이다.

그 밖의 유형으로는 '엉성한 매니지먼트형'이 있다. 전략이 아무리 좋다한들 적절한 운용을 하지 못하면 성공할 수 있던 사업도 실패하게 된다. 마지막은 '기능 저하형'으로, 최고 경영자와 현장의 거리감이 지나치게 먼 탓에 조직이 기능 저하를 일으켜 도산에 이르는 것이 이 유형의 전형적인 패턴이다.

사실 기업의 도산에는 여러 가지 요인이 복합적으로 얽혀 있는 경우가 많기 때문에 패턴을 명확하게 나누기는 어렵지만, 어떤 점에 주의해야 할지 알기 위해서는 이런 식으로라도 유형을 나누는 편이 좋다고 생각한다.

참고로 독자들에게 친근하게 다가가기 위해 내가 직접 그린 삽화를 본문에 함께 실었다. 또한 기업이라는 존재를 의인화하고 그 생애를 그래프로 표현함으로써 기업의 변천 과정을 간단하게 정리했다. 그래프에서는 매출액이나 이익, 주가 같은 수치가 아닌 대략적인 '기업의 행복도'를 그래프의 세로축으로 삼았다. 구체적인 수치를 사용하는 방법도 검토해 봤지만, 시대 등이 저마다 다르기 때문에 통일적인 지표는 활용하지 않기로

했다. 그 결과 주관이 상당히 가미된 그래프가 되기는 했지만, 대부분의 기업이 도산 직전까지 전성기를 구가하다 순식간에 망했다는 공통점을 확인할 수 있을 것이다.

그럼 지금부터 구체적인 내용으로 들어가 보자. 기업들의 실패 사례에서 교훈을 얻고, 그와 동시에 '앞으로 우리는 어떻게 해야 할 것인가?'를 생각해 보기 바란다.

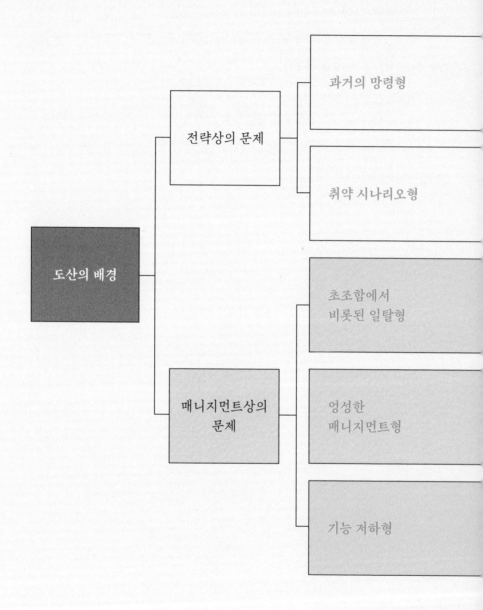

성공 체험이 너무나 강렬했던 나머지 여기에서 벗어나 변화 한다는 결단을 내리지 못하다	폴라로이드 블록버스터 토이저러스 소고백화점	MG로버 제너럴모터스 코닥 웨스팅하우스
취약한 시나리오에 의존하다 예상치 못한 상황이 발생하자 그대로 무너지다	스즈키상점 베어링스은행 엔론	월드컴 산코기선 엘피다메모리
초조한 나머지 허용 가능한 범위를 벗어나 버리다	야마이치증권 홋카이도척식은행 지요다생명보험 리먼브라더스	
매니지먼트가 지나치게 허술·엉성하다	마이칼 노바 하야시바라 스카이마크	
경영진과 현장의 거리감이 너무 먼 탓에 조직으로서 기능하지 못하다	콘티넨털항공 다카타 시어스	

| 차례 |

PART 1
전략상의 문제 편

과거의 망령형

취약 시나리오형

도산한 회사가
반드시
망하는 것은
아니다

'도산'이라는 말을 들으면 어떤 상황이 떠오르는가? 회사가 문을 닫고, 사원들은 길거리로 내몰리고···. 머릿속에서 이런 모습을 상상한 사람도 있을지 모르겠다. 그러나 도산했다고 해서 무조건 회사의 존재 자체가 사라져 버리는 것은 아니다. 도산했지만 그 후에 부활해 순조롭게 성장하고 있는 기업도 있어서, 기업 정보를 조사하다가 '어라? 이 회사가 도산한 적이 있었네?'라고 깜짝 놀라는 경우가 있었다. 요컨대 도산은 반드시 기업의 생명이 끝났음을 의미하는 말이 아니다.

하지만 도산이라는 말에 대한 사람들의 인식에 상당한 편차가 존재하는 것이 사실이다. 그래서 먼저 '도산'의 의미를 정리하려 한다. '도산(倒産)' 이란 '기업 경영이 궁지에 몰려서 갚아야 할 채무를 갚지 못하게 된 상태'

를 가리킨다. 간단히 말하면 빚을 기한까지 갚지 못해 아무것도 할 수 없게 된 상태다.

다만 그 후의 처리 방식에는 크게 두 가지 유형이 있다. 첫째는 도산을 통해 회사를 소멸시키는 '청산형' 도산이고, 둘째는 사업을 계속하면서 채무를 변제하는 '재건형' 도산이다. '파산'은 회사의 소멸을 의미하는 '청산형'으로 분류되고, '갱생'이나 '재생'은 회사의 부활을 전제로 하는 '재건형'으로 분류된다.

참고로 일본에는 '회사 갱생법'과 '민사 재생법'이 있으며, 회사 갱생법의 경우 원칙적으로 기존의 경영진이 이후의 경영에 관여하지 못하게 하면서 시간과 노력을 들여 근본적으로 기업을 재건해 나간다. 민사 재생법은 기존의 경영진이 계속해서 경영에 관여할 수 있기 때문에 비교적 빠르게 기업을 재건할 수 있다.

미국의 도산 사례에서 나오는 '연방 파산법 제11장(통칭 챕터 11)', 영국의 '어드미니스트레이션' 역시 재건을 전제로 한 도산이다. (국내의 경우 파산 위기의 기업과 개인 채무자의 회생을 위해 마련된 '통합 도산법'은 '파산법'과 '회사정리법', '개인채무자 회생법' 등을 통합한 법률로 정식 명칭은 '채무자 회생 및 파산에 관한 법률'이다.-옮긴이)

이 책은 '왜 도산에 이르렀는가?', '그 사례에서 무엇을 배울 수 있는가?'에 관해 깊게 생각해 보는 것이 목적이므로 도산 자체의 절차나 법률 등에 관해서는 깊이 파고들지 않지만, 책을 읽기 위한 전제로서 이 말들의 정의를 알아 두기 바란다.

또한 이 책에는 재건형으로 분류되는 도산 사례도 다수 포함되어 있다.
그런 까닭에 지금도 여러분과 어떤 관계를 맺고 있는 기업 또한 존재할
것이다. 그런 기업의 경우 도산은 어디까지나 하나의 통과점에 불과하다.
경영을 쇄신해 다시 날아오르는 기업도 있음을 미리 말해 두고 싶다.

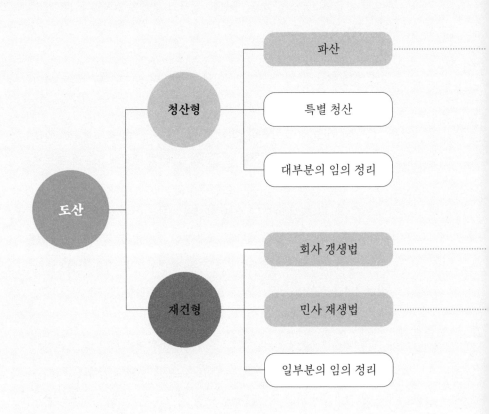

도산한 회사의 모든 재산에 값을 매긴 뒤 채권
자의 우선순위와 채권액에 맞춰 배당을 실시하
는 강제 집행 절차다.

상장 기업이나 대기업의 도산에 적용되는 사
례가 대부분으로, 기존의 경영진은 원칙적으로
이후의 경영에 관여할 수 없다.

경영 파탄이 심각해지기 이전에 조기 재건을
목표로 삼는다. 원칙적으로 기존의 경영진이
경영권을 유지한다.

과거의 망령형

**성공 체험이 너무나 강렬했던 나머지
여기에서 벗어나 변화한다는 결단을 내리지 못하다**

폴라로이드 / 블록버스터 / 토이저러스
소고백화점 / MG로버 / 제너럴모터스
코닥 / 웨스팅하우스

취약 시나리오형

**취약한 시나리오에 의존하다 예상치 못한
상황이 발생하자 그대로 무너지다**

스즈키상점 / 베어링스은행 / 엔론
월드컴 / 산코기선 / 엘피다메모리

01

창업자의 혁신 정신을
잃고 망했다

| 전략상의 문제 편 | 과거의 망령형

{ 폴라로이드 }

스티브 잡스가 존경했던 발명가의
창의적인 재능으로 성장하다

폴라로이드는 1937년 미국의 천재 발명가이자 과학자였던 에드윈 H. 랜드가 26세에 설립한 회사다. 회사 이름은 '편광판'을 뜻하는 '폴라라이저 (polarizer)'에서 유래했다. 랜드가 학창 시절부터 연구에 몰두했던 편광판 기술을 바탕으로 설립한 벤처 기업으로, 처음에는 자동차의 헤드라이트나 선글라스, 피부 분석 기기 등 편광판 기술을 활용한 소재를 제공했다. 제2차 세계대전이 일어난 뒤로는 육군용 고글과 공군용 조준기 등 군사 장비에도 기술을 활용했는데, 그 결과 한때는 수입의 87퍼센트를 군사 계약에 의존하기도 했다.

그런데 1943년, 군수 기업이나 다름없던 폴라로이드는 커다란 전환점을 맞이했다. 그것은 당시 세 살이었던 랜드의 딸 제니퍼가 던진 한마디에서 비롯했다. 가족 여행을 가서 사진을 찍고 있던 랜드에게 제니퍼가 갑자기 "왜 찍은 사진을 곧바로 볼 수 없는 거야?"라고 물어본 것이다.

사진의 현상 과정은 1888년 코닥이 필름을 발명한 이래 거의 변화가 없었다. 찍은 사진을 보려면 암실에서 직접 현상하거나 현상소에 필름을 맡기고 몇 주를 기다려야만 했다.
그러나 딸의 이 한마디에 천재 발명가 랜드의 두뇌가 빠르게 회전하기 시작했다. 그는 불과 몇 시간 만에 촬영한 사진을 곧바로 볼 수 있는 '폴라로이드 카메라'의 원형을 설계했다.

이후 랜드는 실용화를 위한 연구를 거듭했고, 1947년에 초대 즉석카메라를 발표했다. 현상에 필요한 시간은 단 50초. 〈뉴욕 타임스〉가 "사진의 역사에서 유례없는 사건"이라 평가했을 만큼 획기적인 발명이었다. 훗날 스티브 잡스는 랜드를 '국보'라고 부르며 그의 재능에 깊은 경의를 표했는데, 경영자인 동시에 제품 디자이너라는 랜드의 희귀한 위치는 잡스가 꿈꾸던 이상적인 모습이었다.

폴라로이드는 기술을 더욱 갈고닦아 소형화, 자동 초점, 화질 향상에 힘쓰며 즉석카메라 시장을 확대해 나갔다. 특히 1960년대의 성장은 눈이 부실 정도여서 이때 폴라로이드의 주가는 네 배 이상으로 급등했다.

그러나 승승장구하던 폴라로이드에도 위기가 찾아왔다. 10년이 넘는 개발 기간을 거쳐 1977년 출시한 영화 촬영용 즉석카메라 '폴라비전'이 크게 실패한 것이다. 촬영 기기로서는 매우 독특한 제품이었지만 소리를 녹음할 수 없고 비디오카세트에 3분밖에 녹화가 안 되었기 때문에 당시 새롭게 떠오르던 소니의 베타맥스에는 도저히 상대가 되지 못했다. 결국 이 제품은 6,800만 달러나 되는 손실을 기록하고 1979년에 판매 중지가 결정되었다.

그 후 2인자였던 빌 매큔에게 사장 자리를 넘기고 회장 겸 연구소장이 된 랜드는 1980년에 또다시 혁신을 추구하며 초소형 카메라 개발에 착수하려 하지만, 매큔 사장의 거부로 좌절된다. 사장이 아닌 그가 전처럼 마음대로 개발을 할 수 있는 환경이 아니었던 것이다.

혁신가이자 발명가였던 랜드는 상황의 변화를 깨닫고 자신이 창업한 회사를 떠나기로 결심했다. 그리고 폴라로이드의 주식을 매각한 자금으로 롤랜드연구소를 설립해 '1일 1실험'을 실천할 만큼 연구에 몰두하며 여생을 보냈다. 잡스도 이 연구소를 종종 찾아갔다고 한다.

한편 폴라로이드는 영광으로 가득했던 랜드 시대와 작별을 고하고 새로운 체제 아래에서 서서히 몰락의 길을 걷는다.

디지털카메라 출시 타이밍을
놓쳐 경쟁사에 뒤처지다

미국의 사진 시장에서 폴라로이드가 차지하는 점유율은 1980년을 기점으로 하락세에 빠졌다. 1978년에 27퍼센트였던 점유율이 불과 4년 만에 17퍼센트까지 떨어진 것이다.

그 원인 중 하나는 카메라 업계의 거인인 코닥의 공세였다. 초기에만 해도 코닥은 즉석카메라를 대수롭지 않게 여겼다. 그러나 폴라로이드가 서서히 무시할 수 없는 존재가 되자 코닥도 즉석카메라 시장에 뛰어들었다 (참고로 코닥은 즉석카메라의 특허 침해로 1990년 폴라로이드에 10억 달러를 배상한다). 또한 코닥은 현상소에서 60분 만에 현상이 가능하도록 필름을 개량했다. 그때까지 며칠에서 몇 주가 걸렸던 현상 시간이 불과 60분으로 단축되자 1분이면 현상할 수 있는 폴라로이드 카메라와의 격차는 크게 줄어들게 되었다. '기다리지 않고 볼 수 있다'는 폴라로이드 카메라의 우위성이 위태로워진 것이다.

여기에 올림푸스와 캐논 같은 일본 기업이 작지만 화질이 더 좋은 카메라를 내놓았다. 그 결과 폴라로이드의 즉석카메라는 일반 카메라와 비교했을 때 현상 속도가 빠르다는 강점이 사라지고 화질이나 디자인 면에서는 완전히 밀리는 상황에 빠졌다.

물론 폴라로이드 경영진이 이 상황을 팔짱 끼고 바라만 보고 있었던 것은 아니다. 그들은 다른 거대한 혁신의 씨앗을 가지고 있었다. 바로 디지털 기술을 기반으로 한 상품 개발이다. 1980년대 중반 폴라로이드는 필립스와의 합작 투자를 통해 이미 1,200만 화소의 영상을 생성할 수 있는 디지털카메라와 데이터 압축 알고리즘을 보유하고 있었다.

그러나 이런 디지털화 기획은 최종 단계에서 번번이 부결되고 말았다. 그 때까지만 해도 디지털 기술의 시장성이 미지수였기 때문이다. 또한 그들에게 중요한 상품인 필름의 자리를 빼앗을 위험성이 있었으며, 디지털 기술로 인쇄한 사진의 품질은 아날로그 사진에 비해 조악한 수준이었다.

그 후 매큔의 뒤를 이어 사장이 된 맥 부스는 기존의 아날로그 카메라를 개선하기 위해 거액의 연구 개발비를 투자했다. 그 결과 1986년 아날로그 기반의 즉석카메라 '스펙트라'를 출시해 대히트를 기록한다. 그러나 얄궂게도 이 대히트가 폴라로이드를 더욱 벼랑으로 몰아넣는다. 그 이유는 이때 카메라의 디지털 기술이 눈부신 혁신을 이루었기 때문이다.

게다가 이 중요한 시기에 폴라로이드는 또 다른 경영 과제에 직면했다. 그것은 바로 사모펀드의 매수 공세에 대한 방어였다. 현금을 보유하고 있으면서도 경영 부진에 허덕이기 시작한 폴라로이드에 눈독을 들인 사모펀드가 30억 달러에 매수를 제안한 것이다. 경영진은 이를 저지하기 위해 동분서주해 결국 제안을 물리치는 데 성공했지만, 이 소동으로 3억 달러의 채무를 떠안았을 뿐 아니라 귀중한 시간을 낭비하게 되었다.

1995년 카시오가 'QV-10'을 발매하면서 본격적인 디지털카메라의 시대가 찾아온다. 마침내 급격한 디지털화의 물결이 표면화된 것이다. 상황이 이렇게 되자 디지털 기술을 축적하지 못한 기업은 단번에 시대의 흐름에서 뒤처지고 말았는데, 대표적인 예가 바로 코닥과 폴라로이드였다.
이후 걷잡을 수 없이 수익이 악화된 폴라로이드는 결국 2001년 10월 연방 파산법 제11장을 신청하기에 이른다. 물론 첫 번째 도산 이후 폴라로이드는 부활한다. 그러나 불행히도 회사를 인수한 사모펀드가 일으킨 스캔들에 휘말려 2008년 두 번째 도산을 맞이했다.

| 무엇이 문제였는가? |

새로운 시장을 선점하지 않고
두려움에 굴복해 주저하다

폴라로이드의 사례는 경영학자 클레이턴 M. 크리스텐슨이 주장한 '혁신 기업의 딜레마'의 전형적인 예라고 할 수 있다. 특히 이 사례는 디지털 제품을 출시할 준비가 되어 있었지만 최종 단계에서 부결되었다는 점에서 크리스텐슨의 이론과 통하는 부분이 있다. 시장의 존재를 전혀 몰랐거나 완전히 무시했던 것이 아니라, 가능성은 눈치채고 있지만 한 발 앞으로 내디디려는 순간 딜레마에 빠져 잘못된 의사 결정을 해 버린 것이다.

크리스텐슨은 자신의 책 《혁신기업의 딜레마》에서 기존의 기술 체계를 보유한 대기업에서 혁신적인 기술이 인가되지 못하는 이유 중 하나로 '존재하지 않는 시장은 분석할 수 없다'는 점을 들었다. 당시 폴라로이드에게 디지털 시장은 아직 '존재하지 않는 시장'이었다. 따라서 시장 규모와

성장률, 이익률과 같은 '시장의 매력도'를 측정할 수단이 거의 없었다. 요컨대 기존 시장처럼 논리에 바탕을 둔 분석과 커뮤니케이션이 불가능했던 것이다.

결국 폴라로이드는 논리적인 분석에 기반한 매력적인 상품 스펙트라와 당시로서는 시장 분석이 거의 불가능하며 명백하게 질이 떨어지는 디지털카메라 상품을 저울질하다 전자를 선택했다. 그 결과 스펙트라는 매출을 크게 끌어올렸지만 기쁨도 잠시뿐, 폴라로이드는 도산의 길을 걷게 되었다.

크리스텐슨의 이론을 따른다면, 폴라로이드는 '분석'에 집착하지 말고 실패를 전제로 한 '학습'에 주안점을 두어야 했다. 즉, 새로운 기술을 일단 세상에 내놓은 다음 시장의 가능성을 학습하는 자세다.

만약 혁신가였던 랜드가 경영자였다면 기꺼이 '학습'에 힘썼을 것이다. 그러나 폴라로이드의 학습 문화는 시간이 흐르면서 점점 흐려져 서서히 '분석 중시'로 변했다. 폴라로이드의 사례는 대기업이 되어서도 '학습 기질'을 유지하는 것이 얼마나 어려운 일인지 느끼게 한다.

폴라로이드의 사례는 우리에게 자신이 '분석 기질'인가, '학습 기질'인가를 자문하게 한다. 기존 시스템 안에 오랫동안 있으면 과거의 데이터를 바탕으로 한 분석 기질이 강해진다. 그러면서 '분석할 수 없는 것에 대해서는 의사 결정을 할 수 없다'라는 생각에 사로잡힌다. 이런 환경에서는 미지의 무엇인가에 대응하지 못하는 '변화에 약한 인재'가 만들어질 뿐이다.

분석 기질도 중요하지만 학습 기질을 동시에 장착하고 있어야 한다. 즉, '분석할 수 없는 것에는 기회가 있다. 실패를 통해 배워 나가자'라는 자세다.

폴라로이드의 사례를 염두에 두면서 과연 우리 조직은 어떤 상태인지 생각해 보자.

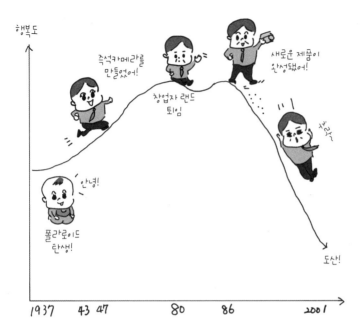

{ 폴라로이드의 도산에서 배우는 세 가지 포인트 }

01 기존 사업과 똑같은 잣대로 신규 사업을 측정하는 것의 위험성을 이해하자.

02 시장에 없는 새로운 비즈니스는 대부분 분석하기가 불가능하다.

03 새로운 비즈니스의 경우에는 실천을 통해 학습해 나가는 자세를 중요하게 여기자.

기업명	폴라로이드
창업 연도	1937년
도산 연도	2001년, 2008년
도산 형태	연방 파산법 제11장(재건형 도산 절차)
업종·주요 업무	제조업
부채 총액	9억 5,000만 달러(2001년)
도산 당시의 매출액	3억 3,000만 달러(2001년)
본사 소재지	미국 미네소타주 미네통카시

02

변화의 타이밍을 놓치고
넷플릭스에 밀려 망했다

| 전략상의 문제 편 | 과거의 망령형

{ 블록버스터 }

미국 홈 엔터테인먼트 시장을 비디오 대여 사업으로 통일하다

블록버스터는 1985년 데이비드 쿡이 미국 댈러스시에 설립한 기업이다. 당시 미국의 비디오 대여 업계는 지역색이 강한 중소기업들이 주도하고 있었다. 대자본이 없는 '분산 시장'이었던 셈인데, 그 틈을 파고든 것이 블록버스터였다. 블록버스터는 대량 매입을 통해 비용을 낮추면서 파격적인 수의 라인업과 재고량을 확보하고, 컴퓨터를 이용한 재고 관리 시스템을 한발 앞서 도입했다. 그리하여 초기의 점포들은 큰 성공을 거두었다.

창업 이듬해인 1986년 블록버스터는 규모를 더욱 확대하기 위해 주식 상장을 노렸는데, 이 과정에서 회사의 소유권이 창업자인 쿡에게서 미국에서 가장 큰 쓰레기 처리 회사의 경영자이기도 했던 투자자 웨인 하이징아에게 넘어갔다.

그리고 승부의 타이밍을 간파한 하이징아는 단숨에 점포 확대를 가속화했다. 분산되어 있던 중소 경쟁점을 인수해 1986년에 19개뿐이었던 점포를 1987년에는 133개, 1988년에는 415개, 1989년에는 1,079개까지 확대한 것이다.

또한 1990년대에 들어서자 하이징아는 미국 국내 시장이 포화 상태에 이르렀다고 판단하고 영국을 비롯한 유럽 각국과 남아메리카, 오스트레일리아, 일본에 점포를 내기 시작했다(일본에서는 일본 맥도날드의 설립자인 후지타 덴이 이끄는 후지타 상회가 일본 블록버스터 주식회사를 설립했다). 그 결과 창업한 지 불과 8년 만인 1993년 전 세계에 3,400개 점포를 개설하기에 이른다.

블록버스터는 아침 10시부터 심야까지 365일 운영하고 그 지역의 니즈에 맞춘 상품 라인업을 갖춤으로써 인근 주민들에게 없어서는 안 될 존재가 되었고, 사람들은 이 비즈니스 모델이 굳건하리라고 생각했다.

그러나 1994년 블록버스터의 장래성에 한계를 느낀 하이징아는 미국 최대의 케이블 방송 기업 바이어컴에 블록버스터를 84억 달러에 매각한다. 매각한 이유를 물어보자 하이징아는 이렇게 대답했다.

"매년 50퍼센트에 가까운 성장을 이루고 있으면 주식이 수익의 30배가 넘는 가격으로 거래되어도 전혀 이상하지 않은데, 실제로는 고작 20배 정도에 거래되고 있습니다. 그 원인은 광케이블망의 정비에 있지요. 개봉 영화가 주문형으로 가정에 제공되면 비디오는 사라지고 말 것입니다."

결론부터 말하면 이때 하이징아는 투자자로서 지극히 옳은 판단을 했다. 이때를 정점으로 블록버스터가 하락세를 타게 되었기 때문이다.

DVD 발전으로 비즈니스 모델이
한순간에 올드해지다

그렇다면 블록버스터를 인수한 바이어컴의 노림수는 무엇이었을까? 당시 바이어컴은 블록버스터를 인수하는 동시에 영화와 스포츠 방송의 방영권을 보유한 파라마운트 영화사를 100억 달러라는 거액에 사들였고, 연간 매출액이 100억 달러를 넘어서면서 디즈니와 어깨를 나란히 하는 거대 미디어 기업이 되었다.

바이어컴은 파라마운트의 영화를 바이어컴의 케이블 채널에서 방영하며 블록버스터에 비디오를 공급한다는 시나리오를 그리고 있었다. 상류인 콘텐츠에서 하류인 가정까지의 채널을 지배함으로써 상승효과를 최대화한다는 계산이었다.

그러나 바이어컴의 전략은 현실에서 제대로 기능하지 못했다. 대출금이 너무 컸던 탓에 그 기대치에 미치는 실적을 달성할 수 없었던 것이다. 그리고 산하에 들어온 블록버스터도 월마트나 토이저러스에 고전하고 있었다. 대형 소매점이 명작을 대량 발주해 저렴한 가격에 판매하는 '셀스루(sell-through)' 방식을 통해 대여 수요를 빼앗고 있었기 때문이다. 바이어컴에 '매일 현금을 벌어 주는' 존재였던 블록버스터의 급격한 부진은 그룹의 재무 내용을 악화시켜 주가가 하락하는 원인이 되었다.

게다가 2000년을 전후로 블록버스터의 경쟁 환경에 DVD의 발전과 비디오테이프의 쇠퇴라는 새로운 역풍이 불었다. 이러한 매체의 변화로 블록버스터에 거대한 경쟁자가 생겨났다. 1997년 실리콘밸리에서 창업한 벤처 기업 넷플릭스다.

넷플릭스는 점포를 보유하지 않고 우편 배송으로 DVD를 빌려주는 비즈니스 모델을 도입했다. DVD는 비디오테이프보다 망가질 위험성이 낮고 크기도 작아 우편으로 보내기 쉬워서 점포 없이도 대여가 가능했다. 또한 넷플릭스는 블록버스터의 수익원 중 하나인 '연체료'를 폐지했다. 월 정액제, 즉 정해진 편수 내에서 언제라도 빌릴 수 있는 시스템으로 바꿔 소비자를 연체료에서 해방시켰다.

그뿐만이 아니다. 넷플릭스는 점포가 없다는 강점을 활용해 블록버스터의 각 점포가 보유한 타이틀의 열 배가 넘는 재고를 갖추었다. '좀 더 부담 없이, 보고 싶은 영화를 시간에 구애받지 않고 볼 수 있는' 넷플릭스의 새로운 비즈니스 모델은 블록버스터의 매력을 단번에 반감시켰고, 그 결과 이탈하는 소비자가 점점 많아졌다.

결국 2004년 바이어컴은 부채를 줄이기 위해 블록버스터를 분리하기로 결정했다. 물론 블록버스터는 넷플릭스와 같은 DVD 배송 대여 사업으로 전환을 꾀했지만, 이미 고객 맞춤 추천 기능 등을 통해 우위를 점한 넷플릭스를 따라잡을 수는 없었다.

2007년 블록버스터는 DVD 배송 사업을 축소하는 동시에 구조 조정을 진행하기 위해 미국 각지의 점포를 일제히 폐쇄했다. 그러나 점포 축소 외에 손쓸 방법이 없었고, 마침내 2010년 9월 연방 파산법 제11장을 신청하고 경영 파탄을 발표했다.

거대 미디어 기업에 매각되어
집안싸움에 휘말리다

블록버스터의 도산은 기존의 규칙으로 비즈니스를 지배했던 기업이 환경의 변화로 순식간에 몰락한 전형적인 사례라고 할 수 있다. 불명예스러운 스캔들을 일으킨 것도 아닌데 불과 10여 년 만에 정상의 자리에서 도산에 이른 사례는 업계의 정상에 있는 많은 기업에 심각한 질문을 던진다.

당연히 이 질문은 쉽게 답할 수 있는 것이 아니다. 하지만 블록버스터의 사례에서 한 가지 분명한 사실은 도산하기 16년 전에 터닝 포인트가 있었다는 것이다.

때는 하이징아가 블록버스터를 바이어컴에 매각한 1994년으로 거슬러 올라간다. 결국 바이어컴은 2004년에 블록버스터를 다시 매물로 내놓는데, 시장이 급격하게 변화한 2000년을 사이에 둔 10년 동안 거대 미디어 기업의 산하에 있었다는 점이 블록버스터의 비극이었다.

비즈니스 환경이 크게 변화한 이 시기에 블록버스터의 위치는 바이어컴이라는 그룹의 산하에 자리한 일개 자회사였다. 이 체제 아래에서는 본래 블록버스터가 실시했어야 할 비즈니스 모델의 변화는 우선순위가 높을 수 없었으며, 바이어컴이 다른 기업을 매수할 때마다 블록버스터의 위치는 계속 바뀌었다.

말하자면 이 중요한 시기에 '모회사의 집안싸움'에 휘말렸던 것이다. 이후 2004년 바이어컴에서 방출되지만, 이 시기에는 이미 넷플릭스가 방대한 고객 데이터를 무기로 시장을 지배하고 있었다. 블록버스터는 도산하기까지 6년 동안 그저 조금이라도 수명을 연장하기 위해 발버둥 치는 것 말고는 할 수 있는 일이 없었다.

되돌아보면 1994년 블록버스터를 바이어컴에 매각한 하이징아는 가장 가치가 높을 때 매각했다는 점에서 투자가로서 최고의 의사 결정을 했다고 할 수 있다. 그러나 만약 하이징아의 체제에서 독립을 유지하는 가운데 2000년을 맞이했더라면 블록버스터의 운명은 어떻게 되었을까? 물론 역사에 '만약'은 없지만, 하이징아가 이끄는 블록버스터가 그 후에 창업한 넷플릭스와 어떻게 경쟁했을지 참으로 궁금하다.

어떤 업계든 규칙이 크게 바뀌는 '승부의 시기'는 반드
시 찾아온다. 블록버스터의 사례는 그 타이밍에 이상한
아집에 사로잡히지 않고 올바른 의사 결정을 하는 것이
무엇보다 중요함을 가르쳐 준다.

일단 그 타이밍을 놓치면 아무리 번영을 자랑하던 기업
이라도 새로운 규칙 아래서 다시 업계를 지배하기는 어
렵다. 특히 블록버스터의 사례에서 볼 수 있듯이 '데이
터 획득량'이 승부의 조건 중 하나가 되어 버리면 선행
기업을 따라잡기가 매우 어려워진다.

얄궂게도 그 변화를 일찌감치 예견한 사람은 블록버스
터를 매각한 하이징아였다. 그와 같은 타이밍에 변화를
눈치채는 것이 무엇보다 중요하다.

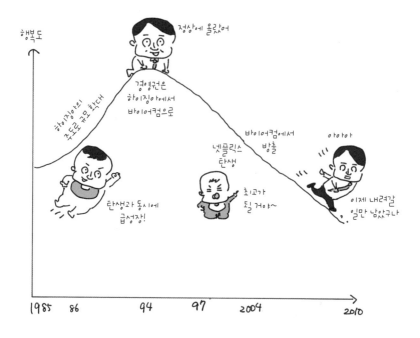

{ 블록버스터의 도산에서 배우는 세 가지 포인트 }

01 업계의 규칙이 변화하는 타이밍을 정확히 파악하자.

02 시장의 평가는 업계 규칙의 변화를 감지하는 하나의
기준이 된다.

03 변혁의 타이밍을 놓치면 아무리 대단한 기업이라도
치명상을 입는다는 사실을 인식하자.

기업명	블록버스터
창업 연도	1985년
도산 연도	2010년
도산 형태	연방 파산법 제11장(재건형 도산 절차)
업종·주요 업무	홈 엔터테인먼트
부채 총액	약 10억 달러
본사 소재지	미국 플로리다주 앵글우드시

03

오프라인에서 온라인으로
진출하지 못해 망했다

| 전략상의 문제 편 | 과거의 망령형

나야, 나~
장난감 할인
매장의 원조!

{ 토이저러스 }

장난감 전문 마트를 콘셉트로
세계 최대 완구 매장이 되다

토이저러스는 1957년에 찰스 라자루스가 설립했다. 아버지가 경영하던 아동용 가구 소매점을 계승한 라자루스는 가구보다 장난감이 더 매력적인 비즈니스라고 느끼고 미국에 퍼져 있던 할인 매장의 수법을 흉내 내 장난감 할인 매장을 설립했는데, 이것이 토이저러스의 시작이다.

그 후 토이저러스는 순조롭게 점포를 확대해 나갔다. 1966년 라자루스는 토이저러스를 750만 달러에 인터스테이트백화점에 매각했지만, 인터스테이트백화점이 도산하자 다시 사들여 독립 기업으로 만들었다. 그리고 그 뒤로 토이저러스의 약진이 시작되었다.

쇼핑 카트를 끌고 넓은 매장을 돌아다니는 '장난감 전문 마트'라는 새로운 개념은 소비자들에게 충격을 안겼다. 대형 마트라는 콘셉트대로 풍부한 상품 라인업, 제조사와의 직거래 및 대량 구입을 통한 '가격 파괴' 같은 가치를 제공함으로써 토이저러스는 1988년 미국에서 20퍼센트의 점유율을 차지하며 '세계 최대의 완구 매장'이 되었다.

당시 토이저러스는 '카테고리 킬러'의 대표 주자였다. 카테고리 킬러라는 명칭이 붙은 것은 토이저러스가 출점하면 주위의 중소 완구 판매점이 모조리 소멸해 버렸기 때문이다. 토이저러스는 그 정도로 흉악한 힘을 지닌, 소비자의 압도적인 지지를 받는 기업이었다.

1990년대에는 해외 진출에도 본격적으로 나섰다. 1991년 후지타 덴이 이끄는 일본 맥도날드와 제휴해 일본에 진출했는데, 이 움직임은 완구점을 중심으로 한 지역 주민의 반대 운동을 일으켜 미국과 일본의 경제 마찰 문제로 발전하기도 했다. 일개 소매업 회사의 해외 진출이 이 정도로 주목을 받은 이유는 카테고리 킬러인 토이저러스의 강력한 파괴력 때문이었다.

그러나 1990년대 후반에 들어서자 기세등등했던 토이저러스에도 그늘이 드리우기 시작했다. 1990년대 전반까지 25퍼센트에 이르렀던 미국 시장 점유율이 1998년 17퍼센트로 떨어지면서 1억 3,200만 달러나 되는 순손실을 낸 것이다. 그 배경에는 전자 상거래의 출현이 있었다.

전자 상거래 사업 실패로
온라인 시장을 뺏기다

완구의 인터넷 판매를 먼저 시작한 곳은 캘리포니아에서 창업한 벤처 기업 '이토이즈'였다. 이토이즈의 웹사이트는 토이저러스에 비해 압도적으로 편리했으며, 상품 라인업도 토이저러스보다 열 배 이상 풍부했다.

토이저러스는 이토이즈보다 늦은 1998년 6월에 인터넷 판매를 개시했다. 그러나 크리스마스 시즌에 상품 배송 지연을 일으켜 소송을 초래하는 등 시스템의 미비함을 드러내는 바람에 브랜드 이미지를 크게 훼손하고 말았다. 이때부터 토이저러스의 부진이 시작되었다.

1991년 1월에는 '토이저러스닷컴'이라는 인터넷 판매 전문 자회사를 설립하고 벤처 캐피털로부터 자금을 조달해 8,000만 달러를 투자했다. 그러나 그 정도의 투자를 했음에도 토이저러스는 기존 점포에 대한 배려를 우선한 나머지 토이저러스닷컴에 가격 결정권 등의 자유를 부여하지 않았다. 본래 토이저러스닷컴은 토이저러스 본사로부터 분리되어 이토이즈 등 전자 상거래 분야의 경쟁자에 대한 전략을 세운다는 임무를 가지고 있었다. 하지만 본사로부터 심한 제약을 받아 아무것도 할 수 없었고, 그 결과 토이저러스닷컴의 초대 CEO는 취임한 지 얼마 되지 않아 본사에 불만을 품고 사임했다.

한편 토이저러스는 2000년에 전자 상거래 분야를 강화하기 위해 아마존과 10년의 장기 파트너십 계약을 체결했다. 토이저러스 웹사이트에서 클릭을 하면 아마존의 전용 사이트로 넘어가는 방식으로, 토이저러스가 아마존에 연간 5,000만 달러와 판매 수수료를 지급하는 대가로 아마존은 토이저러스 이외의 완구는 판매하지 않는다는 내용의 계약이었다.

토이저러스는 이 계약을 통해 온라인 부문의 매출을 확보했지만, 수익은 흑자화에 이르지 못했다. 그리고 이 장기 계약은 아마존에 의해 허무하게 해지되고 만다. 아마존은 이베이에 대항하기 위해 토이저러스 이상의 완구 라인업이 필요해졌고, 상품 매입처를 늘리기 위해 5,000만 달러에 가까운 위약금을 지급하고 토이저러스와 결별한 것이다.

아마존과의 장기 계약을 통해 토이저러스가 전자 상거래 분야의 매출을 확보했던 것은 분명하다. 그러나 되돌아보면 아마존은 토이저러스로부터 고객 정보와 고객 행동에 관한 귀중한 데이터를 입수한 반면, 토이저러스는 이미 주류가 되어 있던 온라인 사업이 초기화되어 버린 셈이었다.

게다가 온라인뿐 아니라 오프라인에도 거대한 경쟁자가 나타났다. 바로 월마트다. 다양한 상품을 저렴한 가격에 제공하는 월마트는 고객을 끌어 모으기 위한 수단으로 완구 가격을 원가 이하까지 파격적으로 내렸다. 그로 인해 '가격 파괴'를 앞세웠던 토이저러스의 경쟁력은 한순간에 사라지고 말았다.

2005년 온라인과 오프라인 양쪽에서 벽에 부딪힌 토이저러스는 투자 회사인 KKR, 베인캐피털, 보나도리얼티트러스트의 연합체에 LBO(차입 매수)라는 방법으로 66억 달러에 인수된다. 인수 대상인 토이저러스의 현금 흐름과 자산을 담보한 차입금을 기반으로 매수하는 방식이다.
그러나 이 인수는 결과적으로 토이저러스가 재기할 여지를 없애 버렸다. 인수 과정에서 끌어안은 50억 달러 부채 때문에 제대로 투자를 할 수 없었고, 주주 3사의 의견 차이로 당초 2010년을 목표로 했던 주식 상장도 단념할 수밖에 없는 상황에 몰린 것이다.

결국 채무 상환 기간이 다가오면서 더 이상 손쓸 수 없는 지경이 되었고, 토이저러스는 2017년 9월 연방 파산법 제11장을 신청한다. 미국 소매 업계에서 세 번째로 큰 부채 규모의 도산이었다.

인터넷 시대의 새로운 규칙을
이해하지 못하고 잘못 대응하다

시장의 압도적 승자가 새롭게 바뀐 규칙을 따라가지 못해 패자로 전락한다. 토이저러스의 역사는 승자의 전형적인 실패 사례라고 할 수 있다. 이번 사례에서 전환점은 1990년대 후반 전자 상거래 사업에 뛰어들 때 저지른 두 가지 실수였다.

첫 번째 실수는 전자 상거래가 출현하면서 게임 규칙이 바뀌었음을 인식하지 못하고 '기존의 규칙을 전제로 한 올바른 대응'을 해 버린 것이다.
그리고 두 번째 실수는 그것이 새로운 규칙임을 인식한 뒤에 '남에게 맡기는' 방식으로 대응한 것이다.
이 두 가지 실수는 커다란 규칙 변경이 있을 때 일어날 수 있는 연쇄 작용이다. 초기 대응이 늦어 불안한 마음에 일발 역전을 노린 나머지, 냉정하게 생각했다면 하지 않았을 의사 결정으로 스스로 사망 선고를 내리는 전형적인 패턴이다.

그런 의미에서 초기 대응이야말로 무엇보다 중요하다. 결과론적으로 말하면, 토이저러스는 1990년대 후반 적자에 허덕이던 온라인 사업에 투자해 이토이즈 등과 경쟁하는 쪽을 우선했어야 했다. 그때까지 커다란 수익을 내 준 기존 오프라인 점포의 실적을 단기적으로 떨어트리는 한이 있더라도 말이다.

만일 당신이 그 의사 결정에 관여하는 위치에 있었다면 그렇게까지 과감한 결정을 할 수 있었을까? 이 질문에 망설임 없이 '그렇다'고 답할 수 있는 사람은 많지 않을 것이다. 토이저러스의 사례는 경영자에게 그런 무거운 질문을 던진다.

우리에게 주는
메시지

토이저러스의 사례는 우리에게 '비즈니스를 바라보는 렌즈'의 존재를 깨닫게 해 준다. 일반적으로 우리는 아무런 의식을 하지 않으면 기존의 비즈니스에 맞춘 렌즈로 사물을 바라본다. 그 렌즈는 기존의 규칙 속에서 올바르게 경쟁에 승리할 수 있을지, 주어진 KPI(핵심 성과 지표)나 목표를 달성할 수 있을지를 제대로 바라보도록 도와준다. 그리고 숙달되면 더 세세한 지점을 높은 정확도로 비춰 줄 것이다.

그러나 아무리 우수한 렌즈라도 하나의 세계만을 비춰 줄 뿐이다. 다른 세계를 보고 싶다면 다른 렌즈를 준비해야 한다. 또한 규칙의 변경을 깨닫기 위해서는 익숙해진 렌즈를 일단 내려놓고 새로운 렌즈를 통해 세상을 바라볼 필요가 있다. 익숙하지 않다 보니 초점이 잘 맞지 않을지도 모르지만, 계속 사용하다 보면 서서히 사물이 고해상도로 보이기 시작할 것이다.

물론 렌즈는 비유이며, 본질은 '두뇌를 어떻게 사용할 것인가'에 있다. 예를 들면 일주일 동안 자신이 한 활동을 되돌아보자. 눈앞에 있는 일상적인 업무에서 벗어나

3년 후의 세계, 다른 업종, 과거의 사례 같은 높은 시점에서 자신들의 업계를 내려다본 시간이 몇 시간이나 있었는가? 아니, 몇 분이라도 있었는가?

즉시 답장해야 하는 이메일이나 제출해야 하는 서류가 쌓여 있는 바쁜 상황을 뒤로하고 더 높은 시점에서 생각하는 시간을 마련하는 것은 언뜻 비합리적으로 여겨질 수 있다. 그러나 평소에 그런 습관을 들여 놓지 않으면 고해상도의 렌즈를 손에 넣을 수 없으며, 중요한 순간에 기존의 규칙에 발목 잡혀 어중간한 대응밖에 하지 못한다.

토이저러스의 사례는 정신없이 변화하는 시대에 해상도 높은 새로운 렌즈를 가지고 있어야 한다는 본질적인 메시지를 전해 준다.

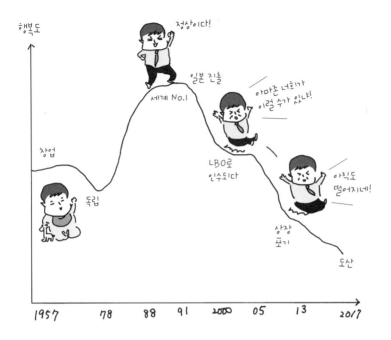

{ 토이저러스의 도산에서 배우는 세 가지 포인트 }

01 업계의 규칙이 변경되었다면 '규칙 변경 이전의 세계'에서 통했던 올바른 행동에 집착하지 않도록 하자.

02 규칙이 바뀌었음에도 어중간하게 대응하면 조직이 입을 상처가 더 커진다.

03 사물을 유연하게 바라보기 위해 시간과 처지를 바꿔서 생각해 보는 훈련을 하자.

기업명	토이저러스
창업 연도	1957년
도산 연도	2017년
도산 형태	연방 파산법 제11장(재건형 도산 절차)
업종·주요 업무	소매업
부채 총액	약 52억 달러
도산 당시의 매출액	115억 달러
도산 당시의 사원 수	3만 3,000명
본사 소재지	미국 뉴저지주 웨인

04

승리 방정식이 반대로
작동한 결과 망했다

| 전략상의 문제 편 | 과거의 망령형

{ 소고백화점 }

백화점의 '독립 법인화'를 통해
규모를 빠르게 확장하다

소고백화점의 창업은 당시 26세였던 소고 이헤이가 오사카에 '야마토야'라는 중고 의류 판매점을 세운 1830년으로 거슬러 올라간다. 이후 장사에 뛰어난 재능을 지녔던 제2대 소고 이헤이가 중고 의류 판매점에서 포목점으로 업태를 전환했으며, 세이난 전쟁에 따른 군수 경기 덕분에 큰 성공을 거뒀다. (세이난 전쟁은 1877년 사이고 다카모리의 주도로 구마모토현과 미야자키현, 오이타현, 가고시마현이 일으킨 반란 전쟁으로, 현재로서는 일본에서 일어난 마지막 내전이다.-옮긴이)

그 뒤 '소고포목점'으로 상호를 바꾸고 오사카 최대 쇼핑 지역인 신사이바시와 고베시에 출점했으며, 1919년 주식회사 소고포목점으로 백화점 사업에 적극 뛰어들면서 현재 소고백화점의 원형이 되었다.

백화점을 운영하기 위해서는 필연적으로 시설을 끊임없이 고치고 다시 꾸며야 한다. 그런데 1935년에 찾아온 쇼와 공황으로 타격을 입은 소고는 개장 공사에 필요한 자금을 마련할 수가 없었다. 그래서 소고 일가는 자금을 구하기 위해 홋카이도의 재벌인 이타야 미야키치에게 보유 주식의 과반수를 양도하고 경영에서 발을 빼게 되었다.

제2차 세계대전 이후 소고백화점 본점은 미군에 접수되어 7년이라는 긴 시간을 보내면서 다이마루 등 경쟁 백화점에 크게 뒤처지게 되었다. 역시 오사카에서 탄생한 다이마루는 1954년 도쿄에 진출해 큰 성공을 거두면서 한때 미쓰코시백화점을 제치고 일본 최고 백화점의 지위까지 차지했다. 소고백화점은 다이마루에 뒤처지고 있다는 조바심에 1957년 도쿄에 진출한다. 도쿄의 번화가 중 한 곳인 유라쿠초에 출점한 것이다.

그러나 사운을 건 도쿄 진출은 보기 좋게 실패로 돌아갔다. 그 결과 소고 백화점은 경영 위기 상태에 몰렸고, 이타야 미야키치 사장은 자리에서 물러나야 했다. 게다가 후임인 반나이 요시오 사장이 갑자기 세상을 떠나면서 후임 사장 자리를 둘러싸고 갈등이 일어났다. 당시 주거래 은행이던 다이와은행과, 이타야 일가의 혈연 대표로 부사장 자리에 있던 미즈시마 히로오의 '집안싸움'이 벌어진 것이다.
결과적으로 이 싸움은 1962년에 미즈시마 부사장이 사장으로 취임함으로써 끝났다. 일본흥업은행 출신이자 법학 박사 학위를 보유한 보기 드문 재능의 소유자인 미즈시마 사장은 그 후 소고백화점을 전성기로 이끌었으며 또한 파멸로 몰아넣었다.

미즈시마 사장은 오사카와 고베, 도쿄(유라쿠초)에 세 점포밖에 없었던 소고백화점을 확대한다는 전략을 채택했는데, 이때 미국에서 백화점 출점의 정석으로 평가받던 '무지개 전법'을 참고했다. 대도시를 중심으로 일정 거리를 두고 무지개처럼 둘러싸는 형태로 출점하는 전략으로, 미즈시마 사장은 이에 따라 도쿄를 중심으로 먼저 지바시에 출점하기로 결정한다.

당시 대도시의 상징이었던 전통적 백화점을 도쿄 중심에서 약 40킬로미터 떨어진, 인구 38만 명에 불과했던 지바시에 출점한다는 방침에 대해 회사 내부에서는 "브랜드 가치를 훼손할 것이다", "도심지로부터 벗어난 곳에서 일하고 싶지 않다"라며 반대하는 목소리가 높았고, 현지에서도 "지역 경제를 망친다"라며 반대했다.

회사 안팎의 반발에 궁지에 몰린 미즈시마 사장은 지바 소고백화점을 독립 법인화해서 출점한다는 기발한 해결책을 생각해 냈다. 지역과 밀착한 법인이 출점함으로써 현지의 고용도 증가하고 본점의 리스크도 경감할 수 있는 일석이조의 시책이었다.

미즈시마 사장은 자신의 인맥을 활용해 출자자를 모아서 독립 법인화한 지바 소고백화점을 탄생시켰고, 이 전략은 대성공을 거뒀다. 지바 소고백화점은 1967년 출점한 이래 매년 목표 이상의 매출을 기록했고, 그 결과 단기간에 출점 비용을 회수할 수 있었다.

독립 법인화에서 가능성을 본 미즈시마 사장은 그 후 마쓰야마시(1971년),

가시와시(1973년), 히로시마시(1974년), 삿포로시(1978년), 기사라즈시(1978년), 기타큐슈시 구로사키(1979년), 후나바시시(1981년) 등 일본 전국으로 출점을 가속화했다. 게다가 타이(1984년), 홍콩(1985년), 싱가포르(1986년), 타이베이(1987년), 말레이시아 피낭섬(1989년) 등 해외 출점도 이루어 내어 백화점 업계의 혁신가로서 명성을 떨쳤다.

땅값을 담보로 한 출점 방식이
붕괴 사이클로 돌변하다

소고백화점이 급격하게 규모를 확장할 수 있던 배경에는 '땅값'이라는 요소가 있었다. 소고백화점은 출점 예정지 주변을 미리 사들인 다음 출점을 통해 땅값을 올리는 방법으로 자산을 늘렸다. 이렇게 해서 담보력을 키우고 흑자화한 독립 법인이 새로운 점포(독립 법인)의 채무 보증을 서면서 은행에서 자금을 조달하고, 다시 새로운 점포를 만들어 나가는 사이클을 돌렸다.

예를 들어 지바 소고백화점의 경영이 정상 궤도에 오르면 이번에는 지바 소고백화점이 출자해서 가시와 소고백화점을 설립한다. 그리고 가시와 소고백화점과 지바 소고백화점이 공동으로 삿포로 소고백화점 등에 출자한다. 땅값이 오르면 담보로 잡고 은행에서 새로운 자금을 조달할 수 있기 때문에 공격적으로 점포를 확대한 것이다.

그러나 이 사이클은 몇 가지 중대한 문제점을 안고 있었다.

첫째는 소고백화점의 독립 법인이 서로를 지탱하는 복잡한 구조 때문에 경영의 내부 사정이 외부에서 보이지 않는 이른바 '블랙박스화'가 일어난 것이다.

여기에 미즈시마 사장의 카리스마가 맞물려서 아무도 그룹 전체의 경영 상황을 파악하지 못하는 상태가 되었다. 자금을 빌려주는 은행도, 심지어 당사자인 미즈시마 사장조차 정확한 전체상을 파악하지 못했다고 한다. 각각의 백화점이 모두 독립 법인이었던 탓에 인적 교류도 없고 회계 기준 도 제각각인 상태가 방치되고 있었다. 무시무시한 규모의 주먹구구식 회 계가 용납되고 있었던 것이다.

둘째는 땅값이 내려가면 모든 것이 거꾸로 돌아가게 된다는 점이었다. 담 보 가치가 저하되어 은행이 자금 제공을 멈추고 자금을 회수하는 방향으 로 돌아서면 이 확대 사이클은 순식간에 '붕괴 사이클'로 변신한다.

땅값이 오르고 있던 1989년까지는 확대 사이클이 문제없이 돌아갔지만, 버블(거품경제) 붕괴 뒤로는 모든 것이 거꾸로 돌아가기 시작했다. 땅값 을 담보로 빌렸던 과거의 부채가 버블 붕괴 이후 소고백화점을 무겁게 짓 누르기 시작했고, 금융기관의 압박도 강해졌다.

그러나 미즈시마 사장은 아직 자신만만했다. 1994년에 회장으로 물러난 뒤에도 '경기만 회복되면 사이클은 곧 다시 제대로 돌아가게 될 것'이라 고 생각했던 것이다. 하지만 1995년에 한신·아와지 대지진이 발생하고 주거래 은행이던 일본장기신용은행 등이 연쇄적으로 파산하는 등 불황의 파도가 일본 전체를 휩쓸자 소고백화점은 점점 궁지에 몰렸다.

결국 소고백화점의 상황은 정치 문제로까지 발전했고, 소고그룹의 각 독립 법인은 2000년 7월에 일제히 민사 재생법을 신청했다. 오랫동안 백화점 업계의 카리스마적 존재로 추앙받았던 미즈시마 히로오가 추락한 순간이었다.

안정적인 비즈니스 모델과
수익 구조에 길들여지다

소고백화점의 이야기에서는 아무래도 미즈시마 사장의 독단적인 경영 방식에 주목하게 된다. 물론 그것이 문제의 본질임은 틀림없다. 다만 여기에서는 조금 다른 관점에서 이 문제를 생각해 보려 한다. '비즈니스 모델의 공고함'이라는 관점이다. 오랫동안 안정적으로 수익을 내는 비즈니스 모델을 만들면 대부분의 사원은 그 모델을 확실히 실행하는 데 의식을 집중하게 되기 마련이다. 비즈니스 모델을 의심하기보다 의심 없이 실행하는 편이 쉽게 좋은 결과를 낼 수 있기 때문이다. 쓸데없는 생각을 하기보다 자신에게 주어진 역할을 다하는 편이 합리적이라고 생각하는 것은 자연스러운 일이다. 그리고 그런 기간이 오래 지속되면 사원들은 의심하는 법을 잊어버리며, 경영진이 다소 잘못된 의사 결정을 내리더라도 무조건적으로 받아들이게 된다.

소고백화점은 1967년 지바 소고백화점을 출점하면서 비즈니스 모델을 확립한 이래 1990년 버블이 붕괴되기까지 무려 20여 년이라는 긴 시간 동안 '공고한 비즈니스 모델'에 기대어 왔다. 조금 거칠게 표현하면 지바 소고백화점 출점 이후 20년 동안은 미즈시마 사장이 출점 장소와 타이밍 만 결정하면 되었던 것이다.

사원들은 미즈시마 사장을 맹신하며 다른 의견을 내지 않고 오로지 지시 에만 따랐다. 20년 동안, 다시 말해 대졸 신입으로 입사한 사원이 40대가 될 정도의 긴 시간 동안 그런 상황에 익숙해져 있던 사원들은 현재의 상 태를 의심하고 건설적으로 토론하는 힘을 키울 기회를 얻지 못했다.

"자기 회사밖에 모르는, 우상을 숭배하는 우물 안 개구리가 되어 버린 여 러분…. 지시 없이는 아무것도 하지 않는다면 소고백화점에 대한 외부 사 람들의 평가는 낮아질 수밖에 없습니다."

이것은 민사 재생법을 신청한 뒤 경영 재건을 위해 소고백화점에 온 와다 시게아키 전 세이부백화점 회장이 사내보를 통해 사원들에게 보낸 메시 지다. 신랄한 내용이기는 하지만, 소고백화점을 다시 일으켜 세우기 위해 서는 무엇보다도 '주체적으로 생각하는 현장'으로 변화시킬 필요가 있었 기에 이런 메시지를 보냈을 것이다.

이 사례는 평소 자신들의 비즈니스 모델에 대해 어떤 부분부터 의문을 던져야 할지 가르쳐 준다. 어려운 상황에 처한 기업이라면 비즈니스 모델에 대해 원점부터, 다시 말해 '애초에 비즈니스 모델이 좋았는가?'라는 점부터 다시 생각할 필요가 있지만, 지속적으로 성장하고 있는 기업은 원점으로 돌아갈 필요가 없다. 요컨대 비즈니스에서 90퍼센트를 차지하는 전제는 고정해 두고 나머지 10퍼센트 부분만 생각하면 충분하다.

이런 상황에서 굳이 '90퍼센트의 대전제'를 의심한다면 분명 반발을 살 수밖에 없으며 많은 에너지가 든다. 그러나 소고백화점의 사례에서 알 수 있듯이, 조직의 구성원이 '나머지 10퍼센트'에 대해서만 생각하면 조직은 순식간에 붕괴될 수도 있다.

우리의 비즈니스는 무엇을 전제로 하고 있는가? 그 전제가 무너질 가능성은 없는가? 우리는 그런 의문을 끊임없이 가져야 한다.

{ 소고백화점의 도산에서 배우는 세 가지 포인트 }

01 우리 기업의 비즈니스를 성립시키는 '전제'가 무엇인지를 생각하자.

02 비즈니스의 전제가 어긋나고 있지 않은지 생각하고 토론하는 습관을 들이자.

03 공고한 비즈니스 모델을 보유하고 지속적으로 성장하고 있는 사업이라도 위험할 수 있음을 인식하자.

기업명	소고백화점
창업 연도	1830년
도산 연도	2000년
도산 형태	민사 재생법 적용
업종·주요 업무	소매업·백화점
부채 총액	1조 8,700억 엔(그룹 전체)
도산 당시의 매출액	약 1조 엔
도산 당시의 사원 수	약 1만 명
본사 소재지	일본 도쿄도 지요다구

05

비효율적인 체질을
개선하지 못해 망했다

| 전략상의 문제 편 | 과거의 망령형

이름이 너무 자주 바뀌어서 나도 뭐가 뭔지 모르겠다니까

{ MG로버 }

영국 자동차 산업의 부진한 역사와 어두운 유산을 이어받다

MG로버는 2000년에 설립된 영국의 자동차 회사다. 그리고 탄생한 지 5년 만인 2005년에 도산했다. 사실 MG로버의 도산은 영국 자동차 산업의 기나긴 역사를 계승한 기업의 스토리다. 이 회사의 도산을 이해하기 위해서는 먼저 제2차 세계대전 이후로 시간을 돌려 영국의 자동차 역사를 함께 살펴볼 필요가 있다.

1952년 영국의 2대 자동차 제조사였던 오스틴과 너필드는 경영 기반을 굳건히 하기 위해 합병하고 브리티시모터코퍼레이션을 설립했다. 그러나 처음의 의도와 달리 급격한 판매 부진에 직면해 영국 내에서 점유율을 잃어 가자, 1966년 후계자 물색에 난항을 겪고 있던 재규어를 끌어들여 브리티시모터홀딩스로 진용을 확대했다.

그리고 두 번째 합병의 통합 작업이 채 끝나지도 않은 1968년에는 승용차와 사륜구동차로 유명한 로버, 트럭이 중심인 레일랜드모터코퍼레이션과 합병하면서 브리티시레일랜드모터코퍼레이션(BLMC)이 되었다.

영국의 자동차 제조사들이 이처럼 합병을 거듭한 배경에는 '국제 경쟁력 저하'가 자리하고 있었다. 세계적으로 경쟁이 치열해지는 가운데 영국의 자동차 제조사들은 혼자서 살아남을 수 없었다. 그래서 당시 여당이었던 노동당은 영국의 중공업 사례와 같이 합병을 통해 규모를 확대해 효율화를 꾀함으로써 국면을 타개하려 했던 것이다.

그러나 거대화된 BLMC는 부진의 늪으로 더욱 빠져들었다. 거듭된 파업 등 노사문제가 심각했을 뿐 아니라, 브랜드가 늘어남에 따라 한 제조사의 자동차를 다른 제조사에서 상품명이나 브랜드명만 바꿔 내놓는 배지 엔지니어링이 횡행했다. 그 결과 각 브랜드 간의 사내 조정이나 통제가 제대로 되지 않아 경영 과제는 한층 복잡해졌다. 효율화와는 거리가 먼 상태가 된 것이다. 게다가 1970년대에는 미국에서 대기정화법(머스키법)이 발효되고 1973년부터 석유 파동이 시작되는 등 환경이 급격히 변화했다.

이런 급격한 환경 변화를 견뎌 낼 힘이 없었던 BLMC는 거의 파산이나 다름없는 상태가 된 끝에 결국 국영화되고 만다. 국영화와 함께 대부분의 브랜드는 정리·통합의 대상이 되었고, 1960년대에만 해도 생산 대수에서 미국과 독일에 이어 세계 3위의 지위를 차지했던 영국의 자동차 산업은 출구가 보이지 않는 미로 속을 헤매게 되었다.

한편 1970년대는 일본 자동차가 세계 시장에서 두각을 나타낸 시기이기도 하다. 당시 일본 자동차 제조사들은 기술 개발에 힘써 연비가 좋은 자동차를 저렴한 가격에 내놓았지만, 영국에서는 대부분의 자동차 제조사 통합해 하나의 국영 기업으로 만든 탓에 합리화만 진행할 수밖에 없었다. 이런 상황은 영국 자동차의 국제 경쟁력을 더욱 떨어트렸다.

갑작스러운 BMW의 인수가
최악의 결과를 초래하다

1986년 BLMC는 '로버그룹'으로 이름을 바꾸고 그룹 내의 프리미엄 브랜드를 포드 등 외자계 기업에 매각해 규모를 축소하면서 생존을 꾀했다. 1988년 다시 민영화된 로버그룹은 항공기 제조사인 브리티시에어로스페이스에 인수된다.

그리고 1989년에 자본 참가를 한 혼다의 힘을 빌려 로버와 MG 브랜드의 신차를 개발해 서서히 실적을 개선하기 시작했으며, 1994년에는 과거 최고 실적을 기록할 것으로 예상되었다.

그런데 1994년 로버그룹은 갑자기 BMW에 매각되었고, 이에 따라 경영권을 얻기 직전이었던 혼다와의 제휴 관계도 백지화되어 버렸다. 당시 대부분의 사람이 혼다가 로버를 인수하는 데 이변이 없을 거라고 믿었던 만큼 BMW의 로버 인수는 예상치 못한 사건이었다.

결과적으로 BMW의 인수는 로버를 최악의 방향으로 이끌었다. 혼다의 손을 빌리지 않고 독자적으로 자동차를 만들려 했지만 엔진 본체의 고장과 열악한 정비에 동반되는 고액의 유지비 문제가 발생했고, BMW가 인수한 지 5년이 지난 1999년 연간 손실액은 1,200억 엔에 달했다. 다시 적자 체질로 돌아가 버린 것이다.

결국 2000년에 BMW는 로버를 불과 10파운드라는 공짜나 다름없는 가격에 다시 매각하고 만다. 로버 인수는 BMW에 '최악의 실패'라고도 할 수 있는 오점이 되었다. 또한 로버로서도 그룹의 프리미엄 브랜드였던 미니는 BMW에 넘어가고 랜드로버는 포드에 매각되어, 남은 브랜드는 MG와 로버밖에 없는 상황이 되어 버렸다.

헐값에 매각된 로버는 회사명을 MG로버로 바꾸고 연간 20만 대의 생산 체제를 목표로 새 출발을 꾀했다. 그러나 해외 판매망은 이미 엉망이 되어 있었고 남은 건 고비용의 영국 생산 거점뿐이었다. 마지막으로 중국의 자동차 대기업인 상하이자동차와의 제휴 교섭에 희망을 걸어 봤지만, MG로버의 경영이 회복될 전망이 보이지 않는다는 판단에 따라 교섭은 결렬되고 말았다.

그리고 2005년, MG로버는 어드미니스트레이션 명령을 신청하고 도산한다. 최후의 영국 자본 자동차 제조사가 몰락하는 순간이었다.

자동차 업계에서 살아남기 위한
본질 개선에 착수하지 못하다

MG로버의 역사는 영국 제조업의 장기간에 걸친 부진의 역사를 상징하는 것이기도 하다. 자력 경영이 불가능해진 기업이 정부 주도의 합병이나 외국 자본의 인수를 통해 일관성 없이 브랜드를 늘리며 효율화를 꾀하고, 여의치 않으면 브랜드를 매각해서 연명한다. 반면에 본질적인 개발 능력이나 생산성의 향상 같은 경쟁력 강화를 위한 조치는 취하지 못해 과거에 쌓아 올렸던 브랜드 가치를 장기간에 걸쳐 훼손해 간다…. 이런 슬픈 역사다.

혼다는 로버와 오랫동안 관계를 유지했는데, 특히 현장 개선에 애를 먹었다고 한다. "로버의 직원들은 점심시간에 맥주를 마시고, 오후 4시 반이 되면 퇴근했다. 이들의 생산성을 높이기 위해 많은 고생을 했지만 실패했다"라며 비판한 기술자도 적지 않았다고 전해진다. 이 이야기에서 알 수 있듯이, 도산의 본질적인 원인은 사원이 6,000명이나 있으면서도 생산 대수는 고작 11만 대(2005년)였던 '압도적으로 나쁜 생산 효율'에 있었다. 1인당 생산 대수로 환산하면 20대 정도인데, 이것은 양산형 자동차 제조사가 채산성을 유지하기 위한 최소한의 수준인 1인당 40대의 절반에 불과하다. 이런 상황에서는 무엇을 하든 이익이 날 수가 없다.

"영국 자본의 자동차 산업이 사라지도록 놔둬서는 안 된다", "고용을 유지하기 위해서라도 자동차 산업이 사라지도록 내버려 둘 수는 없다"라는 정부와 여론의 영향을 받은 데다 국유화 기업 시절의 DNA가 남아 있었던 MG로버는 오랫동안 합리적인 판단을 내리지 못하는, 사실상 옴짝달싹도 할 수 없는 상태였을 것이다.

그러나 결국 승부를 결정하는 것은 세계 수준에서 고객의 지지를 받는 브랜드를 만들 수 있느냐, 고객이 기꺼이 그 값을 치를 만한 브랜드를 만들 수 있느냐다. 아무리 많은 '당위론'이 있고 정부와 여당의 지원이 있다 한들 본질적인 측면에서 승부하지 못하는 어중간한 기업은 시장 원리에 따라 퇴장할 수밖에 없다. 이 사례는 그런 사실을 적나라하게 보여 준다.

자동차 산업은 국가 실업률이나 임금 문제로 직결되는
까닭에 정부의 거대한 힘이 작용하기 쉽다. 이 때문에
공정한 시장 메커니즘 속에서는 있을 수 없는 낮은 생산
성이 그대로 방치되는 경향도 있다.

그러나 장기적으로 보면 그런 상황은 오래 지속되지 못
한다. 때때로 시장이 틀리기도 하지만, 울타리가 없는
글로벌 시장에서 싸우는 이상 중장기적 관점에서는 어
쨌든 시장의 규칙에 따를 수밖에 없다.

그렇다면 우리는 무엇을 해야 하는가? 어떤 업계에 몸
담고 있든 그 업계에 작용하는 시장의 규칙을 냉철하게
파악하고, 올바른 타이밍에 규칙을 충족하도록 의사 결
정을 해야 한다. 그러지 못하고 중요한 타이밍에 올바른
의사 결정을 회피하는 기업은 그 청구서를 후세에게 남
길 뿐이다.

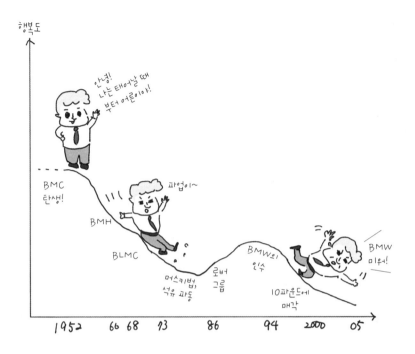

{ MG로버의 도산에서 배우는 세 가지 포인트 }

01 자신이 속한 업계의 규칙, 성공하기 위한 요건을 이해
하자.

02 업계의 규칙이나 성공하기 위한 요건에 입각해서 어
떻게 싸울지를 결정하자.

03 의사 결정에서 가장 중요한 것은 타이밍이다. 타이밍
을 놓치면 나중에 그 청구서를 받아 들게 된다.

기업명	MG로버
창업 연도	2000년
도산 연도	2005년
도산 형태	어드미니스트레이션 명령
업종·주요 업무	자동차 제조·판매
부채 총액	9억 5,000만 달러(2001년)
도산 당시의 사원 수	약 6,000명
본사 소재지	영국 버밍엄시

06

과거의 유산을 지키지
못해 망했다

| 전략상의 문제 편 | 과거의 망령형

위기가 닥치더라도
아빠한테 부탁하면
다 해결해 줄 거야~

{ 제너럴모터스 }

포드와 함께 자동차 왕국
미국의 얼굴이 되다

제너럴모터스(GM)가 미국을 대표하는 자동차 제조사라는 사실은 모두
가 알고 있을 것이다. 그 역사는 100여 년 전으로 거슬러 올라간다.

1900년대 초반은 마차에서 자동차로 넘어가는 흐름이 서서히 진행되기
시작한 시기다. 당시는 자동차의 동력원으로 휘발유를 사용할지, 전기를
사용할지, 아니면 증기를 사용할지 아직 결론이 나지 않은 상태였다. 그
래서 1903년에는 휘발유 자동차 제조사가 99개, 전기 자동차 제조사가
41개, 증기 자동차 제조사가 106개 존재했다고 한다. 그런 상황에서 휘발
유 자동차 시대로 방향을 결정지은 회사가 바로 포드다.

포드는 단순한 디자인의 T형 포드를 효율적으로 대량 생산 해 휘발유 자
동차의 가격을 낮추는 데 성공했고, 이로써 마차의 시대에 종지부를 찍고
휘발유 자동차를 완전히 정착시켰다.

자동차 시장의 불안정한 여명기를 제패한 곳이 포드라는 혁신적인 벤처 기업이었다면, 그 뒤를 이어 성장기를 견인한 곳은 포드와 같은 시기에 설립된 GM이었다.

GM은 창업자인 윌리엄 듀런트가 자동차 제조사 수십 개를 사들여 설립한 회사다. 듀런트의 뒤를 이은 앨프리드 슬론은 그때까지 제각각으로 분산되어 있던 라인업을 정리했다. 다시 말해 GM에 가면 반드시 구매자의 예산으로 살 수 있는 자동차가 존재하도록 만든 것이다.

여기에 매년 모델 체인지를 하는 수법을 도입해 소비자가 계획적으로 이를 예측하면서 구입할 수 있는 시스템을 구축했다. 그 덕분에 GM은 단순한 디자인의 저렴한 T형 포드에 싫증을 느끼기 시작한 미국 시민의 '자동차 교체 수요'를 흡수해 자동차 시장의 확대에 공헌할 수 있었다.

1920년대가 되자 GM은 마침내 포드를 제치고 점유율 1위를 달성한다. 그리고 제2차 세계대전을 거치면서 미국의 자동차 시장에서 40퍼센트가 넘는 점유율을 유지해 성공 기업의 상징이 되었다.

1953년 GM의 사장에서 국방장관으로 임명된 찰리 윌슨은 GM의 주주라는 처지가 국익과 이해 충돌을 일으킬 가능성에 대한 질문을 받자 "GM에 좋은 것은 미국에도 좋다. 반대도 마찬가지다"라고 답해 물의를 빚었다. 일개 기업의 이익과 국익을 동일시했다고도 해석할 수 있는 발언이었는데, 이 일화에서도 당시 미국에서 GM의 지위가 얼마나 높았는지를 엿볼 수 있다.

| 왜 망했을까? |

복잡화된 조직과 노조 협약이
시한폭탄으로 작용하다

이처럼 미국 최대 기업이었던 GM에 처음으로 위기의 징후가 나타난 시기는 1970년대였다. 토요타자동차를 비롯한 일본의 자동차 기업이 급부상한 시기로, 이때 GM은 비로소 지극히 효율적인 생산 방식과 규율에 따라 질서 정연하게 일하는 작업 방식이 존재한다는 것을 알게 된다.

1980년대에 들어서자 그 징후는 더욱 뚜렷해졌다. GM과 토요타의 합병 사업으로 설립된 NUMMI(New United Motor Manufacturing, Inc.)를 통해 두 기업의 자동차 품질과 제조 비용이 백일하에 드러난 것이다. 절망스럽게도 GM은 거의 모든 면에서 토요타의 상대가 되지 못했다.

이런 상황에 직면했음에도 GM의 경영진은 그때까지 자신들이 해 왔던 방식을 바꾸지 못했다. 그 이유 중 하나는 GM이 창업했을 때부터 조직에 이어져 내려온 '분권화'에 있었다. 당시 GM의 산하에는 수많은 브랜드가 난립해 있었고, 그 결과 셀 수 없을 만큼 많은 구매 부문과 제조 유닛을 끌어안고 있었다. 게다가 횡적 관리가 전혀 되고 있지 않았기 때문에 각 현장의 독자적인 활동이 용납되고 있었다.

당시 GM 산하의 구매 부문들은 같은 부품 제조사의 똑같은 부품을 저마다 다른 가격에 구매하고 있었다고 한다. 같은 GM 산하임에도 각각의 구매 부문은 서로 무엇을 하고 있는지 거의 알지 못했다. 이 정도로 조직이 복잡화된 GM이 통제가 잘되는 토요타 같은 기업에 대항하는 것은 지극히 어려운 일이었다.

또한 1950년 전후에 체결된 '노조와의 협약'이라는 시한폭탄의 존재도 부정적으로 작용했다. 이 시기에 GM의 경영진과 미국 자동차 노동조합 (UAW)은 연금과 의료비의 평생 부담 등 노동자에게 극단적으로 유리한 협약(디트로이트 협약)을 체결했다. 당시에는 GM의 실적도 호조를 보였고 GM과 함께 '빅3'를 형성한 포드와 크라이슬러 외에는 경쟁자가 없었기에 '비용이 문제가 된다면 자동차의 판매 가격을 올려서 해결할 수 있다'라는 계산이 배경에 깔려 있었던 것은 아닐까?

실제로 GM이 약진하는 동안에는 이 협약이 아무런 문제도 되지 않았다. 그러나 이윽고 연비와 디자인이 우수한 일본 자동차와 경쟁해야 하는 상황에 직면하자 판매 가격을 올리기는커녕 유지하기도 어려워졌다. 협약의 배경으로 작용했던 경쟁의 규칙이 바뀐 것이다. 이와 함께 사원들이

고령화되면서 시한폭탄의 파괴력은 상상 이상으로 거대해졌다.

결과적으로 연금과 퇴직자 의료비 부담은 거액의 채무가 되었고, GM은 채무 초과 상태에 빠졌다. 그 후 구제 합병의 검토와 정부의 긴급 융자가 거듭 실시되었지만, 결국 GM은 2009년 6월 연방 파산법 제11장을 신청함으로써 도산에 이르렀다.

위기에 빠지면 정부가 도와줄 것이라는 의존심이 체질을 약화시키다

GM은 왜 변화하지 못했던 것일까? 그 이유 중 하나는 위기가 찾아왔을 때 '정부의 존재'에 지나치게 의존했기 때문이다. 앞에서 이야기했듯이, 1970년대부터 1980년대에 걸쳐 일본 자동차가 우수한 생산성에 기반을 둔 가격 경쟁력을 무기로 세계 시장에서 급부상했다.

그런데 이때 GM이 취한 대응책은 자사의 방식을 재검토하는 것이 아니라 정부의 힘을 빌리는 것이었다. 정치력을 이용해 일본 자동차의 수출 자율 규제를 유도하고 국제적인 환율 개입을 시행한 것이다. 이렇게 해서 본래 이 시점에서 단행됐어야 할 기업 개혁은 정부의 지원 때문에 또다시 수면 밑으로 가라앉아 버렸다.

정부가 GM을 도운 이유는 두말할 필요 없이 자동차가 국가를 지탱하는 거대한 산업이기 때문이었다. 찰리 윌슨이 "GM에 좋은 것은 미국에도 좋다. 반대도 마찬가지다"라고 말했듯이, 미국에서 GM은 상징적인 존재였다. 말하자면 '공부 잘하는 자랑스러운 큰아들'이었던 것이다. 그러나 '힘들 때 의지할 수 있는 부모가 있다'는 사실이 GM 안에 의존심을 키웠고, 이것이 기업 체질을 약화시켰다. 참으로 얄궂은 일이 아닐 수 없다.

우리에게 주는
메시지

GM의 도산 스토리는 우리에게 여러 가지 메시지를 남겼다. 그 메시지 중 하나는 우리가 자신도 모르는 사이에 '과거'의 영향을 받으며, 그것이 만들어 낸 '인식'에 의존하고 있다는 사실이다. GM의 경우 미국 최대 기업이었다는 사실, 그리고 이 때문에 유사시에는 정부가 도와줬다는 과거에 영향을 받았다.

이 과거가 GM에 '위기가 닥쳐도 어딘가에서 누군가가 적당히 해결해 준다'는 인식을 심어 준 것이 아닐까? 이런 인식이 있는 기업이나 사람은 역경과 마주했을 때 안일하게 대응하며, 이것은 GM 정도의 대기업조차 도산시킬 만큼 심각한 결과를 낳는다.

이 사례를 통해 우리의 과거, 그리고 그 과거가 만들어 내는 인식에 관해 생각해 볼 필요가 있다. 이러한 인식은 평소에는 눈에 보이지 않다가 역경에 직면했을 때 비로소 존재감을 발휘하기 때문이다.

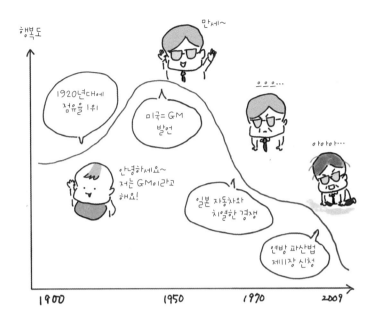

{ 제너럴모터스의 도산에서 배우는 세 가지 포인트 }

01 과거에 분권화되었던 조직은 거대한 변혁을 시도할
때 저해 요인이 될 수 있다.

02 의존적인 인식은 역경에 직면했을 때 존재감을 발휘
한다.

03 과거의 역사에서 유래된 불필요한 자존심을 버리고,
현재를 올바르게 직시하며 미래를 생각하자.

기업명	제너럴모터스
창업 연도	1908년
도산 연도	2009년
도산 형태	연방 파산법 제11장(재건형 도산 절차)
업종·주요 업무	제조업, 자동차 제조·판매
부채 총액	1,728억 1,000만 달러
도산 당시의 매출액	1,045억 8,900만 달러(2009년 12월기)
도산 당시의 사원 수	24만 3,000명
본사 소재지	미국 미시건주 디트로이트

07

냉정한 분석 대신
희망적 관측에 의지하다 망했다

| 전략상의 문제 편 | 과거의 망령형

{ 코닥 }

비즈니스 감각과 기술력으로 필름 시장을 개척하다

코닥은 1881년에 조지 이스트먼이 창업한 기업이다. 이스트먼은 집안이 어려웠던 탓에 14세부터 보험 회사에서 일을 시작했다. 이후 은행으로 직장을 옮기면서 가계를 지탱했는데, 24세 때 전환점이 찾아왔다.

이스트먼의 취미는 '사진'이었다. 당시에는 특수 용액을 유리나 금속의 표면에 도포한 뒤 마르기 전 사진을 찍었다. 이러한 커다란 습판 사진기로 사진을 찍던 그는 한 장을 찍는 데도 많은 시간과 집중력이 필요한 습판 기술의 불편함을 느꼈고, 언제라도 촬영할 수 있는 새로운 기술의 가능성(건판)을 남들보다 먼저 눈치챘다.

이스트먼은 은행에서 일하는 가운데 건판 기술을 개발하는 데 힘썼고, 3년 후인 1880년 마침내 건판 자체와 건판 생산 기술을 완성했다. 특허를 취득한 그는 은행을 그만두고 1881년에 이스트먼드라이플레이트앤드필름을 설립했다. 확고한 기술을 바탕으로 한 벤처 기업이 탄생한 것이다.

참고로 코닥은 창업 후에 붙은 이름인데, 사실 코닥이라는 말 자체에는 아무런 의미도 없다. 훗날 이스트먼이 이야기한 바에 따르면, K라는 철자에서 강력함을 느껴 K로 시작되고 K로 끝나도록 철자를 조합하다 'KODAK'이라는 말을 만들어 냈다고 한다. 그리고 1888년에 코닥 브랜드를 단 카메라를 내놓았으며 1892년에는 회사의 명칭도 이스트먼코닥으로 변경했다.

이스트먼은 사진이 단순히 전문가의 전유물에 머물지 않고 일반 가정에서도 사용되어야 한다는 비전을 가지고 있었다. 그는 번거로운 사진 촬영 과정을 좀 더 간단하게 만들어서 '카메라를 연필 수준의 편리한 도구로 재탄생시키고 싶다'는 생각을 가슴에 품고 있었고, 남들보다 먼저 필름 비즈니스의 미래를 내다보고 사진용 유리 감광판의 제조법을 확립했다. 그리고 세계 최초로 롤필름(1884년)을 개발하고, 이후에는 컬러필름(1935년)을 발매했다.

코닥은 당시 존재하지 않던 필름을 대중화하기 위해 노력했다. 필름 자체의 인지도를 높여서 좀 더 많은 사람이 실제로 사용하도록 만드는 것이 중요했기 때문이다. 이를 위해서는 기술뿐만 아니라 영업이나 마케팅에도 투자해야 한다고 판단한 코닥은 대대적인 홍보를 펼치고 필름 판매점과의 관계를 강화하는 데 힘썼다.

특히 "당신은 셔터를 누르기만 하면 됩니다. 나머지는 저희 회사에 맡겨 주십시오"라는 캐치프레이즈의 광고로 필름 카메라가 무엇인지 몰랐던 고객들에게 강한 인상을 심어 주고 인지도를 높였다.

또한 필름을 대중화하기 위해 가격 측면에서 '면도기-면도날 전략'을 펼쳤다. 면도기 업체가 면도기 본체를 싸게 팔고 교체용 면도날로 수익을 내듯이 카메라를 저렴하게 팔고 필름 판매로 수익을 내려 한 것이다. 이런 전략들은 마케팅 교과서에 나오는 '4P'라는 기초 개념을 제대로 적용한 것이었다. 4P는 제품을 제대로 팔려면 상품(product), 가격(price), 채널(place), 판촉(promotion)이라는 네 가지 P의 올바른 조합이 중요하다는 개념으로, 코닥의 당시 판매 전략은 결과적으로 이러한 핵심을 정확히 짚고 있었다.

이렇게 시대를 꿰뚫어 보고 올바른 전략을 추진한 결과 코닥은 필름 시장의 확대와 더불어 순조롭게 성장했고, 1962년 매출액은 10억 달러에 달했다. 그리고 일반 소비자를 위한 상품을 내놓는 데 그치지 않고 의료용 영상이나 그래픽 아트로도 영역을 확대했다. 이런 제품에는 대부분 은염 기술을 사용했으며, 조금씩 개량을 거듭해 나갔다.

1976년에 코닥은 미국 필름 시장의 90퍼센트, 카메라 시장의 85퍼센트를 차지하게 되었다. 압도적인 1인자였으며, 코닥의 기술적인 강점과 시장 전개 속도 때문에 유력한 경쟁사가 출현하는 것은 아예 불가능했다. 그리고 창업 100년을 앞둔 1981년, 코닥은 드디어 매출액 100억 달러를 달성했다.

이와 같이 코닥은 100년이라는 시간 동안 필름 시장을 개척하고 그 시장의 확대와 함께 안정적으로 성장해 왔다. 그러나 1980년대에 들어서자 시장에 커다란 변화가 찾아왔다. 바로 코닥도 예외 없던 디지털화의 거대한 물결이다.

일찌감치 디지털화를 진행했음에도
비즈니스 모델을 고집하다 실패하다

코닥이 매출액 100억 달러를 달성한 1981년, 소니는 필름 없이 텔레비전 화면에 화상을 표시하는 전자 스틸 비디오카메라 '마비카'를 발표했다. 이 상품을 시작으로 시장의 관심은 디지털화로 향하게 되었다.

코닥이 디지털 기술 면에서 뒤처져 있었던 것은 아니다. 사실 코닥은 소니에 앞서 세계 최초로 디지털카메라의 시제품을 만든 회사이기도 했다. 그 시기는 놀랍게도 1975년이었다. 보급형 디지털카메라인 카시오의 'QV-10'이 세상에 나온 때가 1995년이니, 그보다 20년이나 앞서 디지털화의 흐름을 알아채고 개발에 투자했던 것이다.

또한 코닥은 이와 동시에 디지털 사진을 보존하기 위한 제품인 '포토CD'

를 상품화했다. 오랜 역사를 통해 코닥은 사진 비즈니스의 이익이 '촬영'에서만 나는 것이 아니라, 후공정인 '현상'과 '인쇄'에서도 큰 이윤을 얻을 수 있다는 점을 알고 있었다. 그래서 디지털 시대가 되더라도 비즈니스 모델 전체를 장악하지 않으면 지금까지와 같은 매출과 이익을 확보할 수 없다고 판단해, 촬영뿐만 아니라 다른 부분의 기술도 개발한 것이다.

그러나 그 후 코닥은 비극적인 결말을 맞이한다. 먼저 디지털카메라의 경우, 1990년대 후반 수많은 기업이 시장에 뛰어들면서 코닥은 경쟁력을 잃었다. 포토CD도 디지털 데이터의 기록 매체가 독자적으로 진화를 이룬 탓에 정착하지 못했다. 게다가 기존 사업인 필름도 후지필름의 가격 공세에 휘말려 수익성을 잃었으며, 디지털카메라의 발전으로 완전히 앞 길이 막혀 버렸다.

결국 코닥은 2012년 연방 파산법 제11장을 신청하고 도산한다. 시장을 창조한 130년 역사의 글로벌 대기업으로서는 참으로 어이없는 결말이었다.

몸에 익숙하게 배어 있던
성공의 틀을 바꾸지 못하다

코닥은 창업 이래 면도기-면도날 전략을 통해 대성공을 거뒀다. 다시 말해 상류의 카메라부터 하류의 필름까지 모두 취급함으로써 출입구의 문턱을 낮추고 전체적인 이익을 내는 전략으로 성공을 거머쥐었던 것이다. 그러나 디지털화의 흐름은 이런 '일관 시스템'을 분단하고 파괴한다. 하드웨어는 하드웨어대로, 소프트웨어는 소프트웨어대로 따로 싸우도록 만드는 것이다. 이를 전문 용어로는 비즈니스의 '언번들링(unbundling)'이라고 한다.

일단 비즈니스가 언번들링되면 통합형 비즈니스를 하던 기업은 순식간에 힘을 잃는다. 통합해서 전체를 조정해 나간다는 강점이 단번에 무력화되어 버리기 때문이다. 코닥은 어떻게 해서든 비즈니스를 '통합형'으로 성립시키기 위해 애썼지만, 그것은 흐르는 강물을 맨손으로 멈추려 하는 행동이나 다름없었다. 결국 코닥은 그 흐름을 멈추지 못했고, 언번들링의 과정에서 붕괴되어 갔다.

물론 코닥의 생각이 부족했던 측면도 있을지 모른다. 그러나 결과론에 입각해서 무작정 비웃을 수만은 없다. 코닥에 있던 수많은 인재들이 비즈니스를 충분히 분석했을 것이다. 누구보다 먼저 디지털화에 발을 들여놓았듯이, 디지털 시대를 예측하고 가장 위협을 느꼈던 기업은 바로 코닥이었을지도 모른다.

그러나 그 이상으로 코닥에는 '보수파', '수구파'라고 불리는 이해관계자가 다수 존재했다. 사진의 품질에 집착하는 은염 사진 기술자, 현상과 관련된 판매점 등 코닥의 기존 비즈니스 모델을 통해 이익을 내는 사람이 많았던 것이다. 이런 기술적 전환점에서 경영자는 딜레마에 빠지며, 딜레마는 '희망적 관측'을 만들어 낸다. '이렇게 된 것이 우리의 강점을 살리기에는 오히려 더 좋아', '이쪽이 우리에게 더 유리해'라는 바람이 냉정한 분석을 가로막는 것이다.

창업자인 조지 이스트먼이 그랬듯 당시의 경영진도 비즈니스를 '원점'에서 생각했어야 한다. 이런 딜레마와 함께 솟아나는 희망적 관측을 잠재우지 못한다면 경영은 단 한 발도 앞으로 나아가지 못한다. 코닥은 그 희망적 관측에 대처하는 데 실패했는지도 모른다.

우리에게 주는
메시지

코닥의 사례를 개인의 커리어라는 관점에서 생각해 보자. 과거의 성공 덕분에 당분간은 수입에 쪼들리지 않는 일자리가 있고, 그 수입을 기반으로 돌봐야 할 가족이 있다. 그런데 중장기적으로는 기술 전환이 일어나 그 일자리가 사라질 가능성이 있다…. 이런 식으로 생각해 보면 의사 결정의 어려움이 현실적으로 느껴지지 않을까 싶다. '직업을 바꾸고 싶지 않아', '변화는 싫어'라는 마음이 '열심히 일하고 있으니까 어떻게든 되겠지'라는 희망적 관측을 낳아 서서히 위기의식을 마비시키는 것이다.

물론 커리어 형성에 실패한 사람들의 이야기도 알고 있지만, '나하고는 경우가 달라'라고 생각한다. 코닥의 경영진도 이와 비슷한 심경이었을지 모른다.

어려운 상황에 놓였을 때 고개를 치켜드는 '내 입맛에 맞는 희망적 관측'을 어떻게 극복할 것인가? 만인에게 통용되는 절대적인 해결책은 없다. 그러나 이런 딜레마를 알아 두면 객관적으로 생각할 수 있는 계기가 마련될 것이다.

{ 코닥의 도산에서 배우는 세 가지 포인트 }

01 디지털화는 상류에서 하류까지 통합되어 있던 비즈니스를 언번들링한다.

02 디지털화가 진행되는 상황 속에서 기존의 '통합형'에 계속 집착하면 급속히 힘을 잃게 됨을 알아 두자.

03 근거 없는 희망적 관측에 현혹되지 말고 합리적인 의사 결정을 하도록 노력하자.

기업명	코닥
창업 연도	1881년
도산 연도	2012년
도산 형태	연방 파산법 제11장(재건형 도산 절차)
업종·주요 업무	제조업, 정보 통신 기계 기구 제조업
부채 총액	약 67억 5,000만 달러
도산 당시의 매출액	27억 1,900만 달러(2012년 12월기)
도산 당시의 사원 수	1만 3,000명(2012년 12월기)
본사 소재지	미국 뉴욕주 로체스터시

08

기술력을 지나치게
믿다가 망했다

| 전략상의 문제 편 | 과거의 망령형

훗, 내가
누군지 아니?

{ 웨스팅하우스 }

원자로와 전기 기기 제조로
미국의 기술 혁신에 앞장서다

웨스팅하우스일렉트로닉은 1886년 발명가인 조지 웨스팅하우스가 설립한 기업이다. 창업 초기 웨스팅하우스는 니콜라 테슬라를 컨설턴트로 고용해 개발한 교류 송전 시스템으로 토머스 에디슨이 이끄는 제너럴일렉트릭(GE)이 내놓은 직류 시스템과 대결했다. 이른바 테슬라 대 에디슨의 '전류 전쟁'에서 승리를 거둔 웨스팅하우스는 다상 교류 전동기를 개발해 현대 미국 전동 시스템의 기초를 쌓았다.

웨스팅하우스는 이 기술력을 활용해 1921년에 세계 최초로 가정용 라디오를 양산했고, 1933년에는 뉴욕 록펠러센터에 세계에서 가장 빠른 엘리베이터를 설치했다. 또한 1957년에는 미국 최초의 상용 원자력발전소(PWR, 가압수형 원자로)를 가동했다. 이처럼 웨스팅하우스는 수많은 기술적 혁신을 일으키며 전력 시스템과 가전제품, 국방 관련 사업에서 금융 서비스까지 범위를 넓혔다. 그리고 1981년에는 미국 최대의 케이블 방송 회사인 텔레프롬프터코퍼레이션을 인수하면서 사업을 다각화해 미국을 대표하는 복합기업이 되었다.

그러나 1990년대에 들어서자 위기가 기다리고 있었다. 본업이 부진을 면치 못하고 신규 사업으로 시작한 부동산 금융도 실패해 1991년에만 11억 달러나 되는 적자를 낸 것이다. GE가 1981년에 CEO로 취임한 잭 웰치의 수완으로 크게 비약한 반면, 웨스팅하우스는 변혁의 속도에서 크게 뒤처지고 있었다.

1993년 웨스팅하우스도 맥킨지 컨설턴트와 펩시 CFO를 역임한 마이클 H. 조던을 CEO로 영입해 대수술에 들어간다. 본격적으로 제조업에서 탈피해 장래성 있는 미디어에 사활을 건다는 대담한 의사 결정을 한 것이다. 이를 위해 1995년에 미국을 대표하는 방송국인 CBS를 54억 달러에 인수했으며, 1997년에는 기존의 제조 부문을 웨스팅하우스일렉트로닉컴퍼니(WELCO)라는 별도의 회사로 분리한 뒤 자본 관계를 단절했다. CBS를 인수한 본체는 웨스팅하우스라는 이름을 지우고 CBS로 바꿈으로써 미디어 전문 기업으로서 재출발을 꾀했다. 이미 100년이 넘는 역사를 보유하고 있었던 웨스팅하우스가 기업의 형태를 근본부터 바꿔 버린 것이다. 지금부터 이야기하는 '웨스팅하우스'는 '사업에 장래성이 없다'며 분리시킨 WELCO다.

WELCO는 차츰 사업별로 분리되었다. 먼저 중전기 등의 전통적인 비즈니스 부문이 매각되었고, 1998년에는 발전 시스템 부문이 독일 지멘스에 매각되었으며, 원자력발전 부문은 영국 핵연료 회사(BNFL)에 '웨스팅하우스일렉트로닉'이라는 회사명과 함께 11억 달러에 넘어갔다.

사실 BNFL이 웨스팅하우스를 인수한 것은 각종 스캔들로 얼룩진 상태였던 BNFL이 일발 역전을 노리고 벌인 위험한 도박이었는데, 이 시도는 보기 좋게 실패로 돌아갔다.

2001년에 미국을 덮친 동시다발 테러로 미국에서 원자력발전소를 운영하는 비용이 크게 증가하는 등 원자력발전소에 대한 역풍이 거세지자, BNFL은 2005년 웨스팅하우스를 다시 매물로 내놓았다. 100년이 넘는 역사를 자랑하던 웨스팅하우스의 운명은 풍전등화의 상태가 되었다.

동일본 대지진으로
마지막 꿈이 허무하게 사라지다

그런 상황에 처해 있다고는 해도 PWR 기술을 보유한 웨스팅하우스는 도시바에게는 꼭 손에 넣고 싶은 기업이었다. 도시바는 핵심 사업이 원자력 발전이었지만 BWR(비등수형 원자로) 기술밖에 없었기 때문이다. 당시에는 사고가 일어났을 때 더 안전하다고 알려져 있으며 강도 면에서도 높은 평가를 받던 PWR이 세계 원자로의 70퍼센트를 차지하고 있었다.

게다가 2006년은 일본이 '원자력 입국 계획'을 발표한 해였다. 이산화탄소를 절감해야 한다는 목소리가 세계적으로 높아지고 있었고, 일본 역시 우라늄의 수입과 가공, 원자력발전소 건설과 운영까지 일본 기업이 일괄적으로 실시한다는 '올 재팬(All Japan)' 정책을 추진하고 있었다.

'원자력발전 르네상스'라고 불린 이 거대한 흐름에 어떻게든 올라타고 싶던 도시바는 최종적으로 6,600억 엔이라는 거금을 들여 웨스팅하우스를 인수했다. 빈사 상태였던 웨스팅하우스는 도시바의 지원을 받아 사운을 걸고 AP1000이라는 신형 가압수형 원자로를 개발해 미국에 판매한다는 계획을 세웠다. 그런데 2011년 후쿠시마 원자력발전소 사고가 일어나면서 전 세계의 원자력발전소 건설 계획이 거의 중지되거나 동결되었다. 여기에 미국 국내의 안전 기준이 크게 높아져, AP1000의 1기당 건설 비용이 2,000억 엔에서 1조 엔 수준으로 급등했다. 미국을 최대의 시장으로 생각했던 웨스팅하우스의 계획은 거대한 벽에 부딪혔다. '2015년까지 전 세계에 39기를 판매한다'라는 야심 찬 목표는 이 시점에 사실상 달성이 불가능해졌다.

거기에 더해 새로운 문제가 등장했다. 웨스팅하우스는 AP1000의 시설 건설을 CB&I스톤앤드웹스터(S&W)와 함께 진행하고 있었는데, 비용 증가분을 어느 쪽이 부담하느냐를 놓고 분쟁이 발생한 것이다. 두 회사가 법정 싸움을 벌이는 동안 AP1000의 건설은 한 발도 앞으로 나아가지 못했고, 적자는 계속 불어났다. 그야말로 엎친 데 덮친 격이었다. 그러자 웨스팅하우스는 S&W를 2억 3,000만 달러에 인수한다는 무모한 도박을 했다. S&W를 인수한다고 해서 프로젝트가 갑자기 진행될 리 없었고, 새로운 안전 기준으로 인한 추가 비용이 줄어드는 것도 아니었다. 그저 법정 싸움을 통해 웨스팅하우스의 재무 상황이 노출되는 것을 막으려는 무리한 인수일 뿐이었다.

그러나 이런 시간 벌기에도 한계가 있었고, AP1000이 사면초가에 빠진 웨스팅하우스는 결국 2017년 3월 연방 파산법 제11장을 신청하고 말았다.

기술력에 대한 과신과
독선적인 자세로 고립되다

원자력발전은 통제하기 어려운 환경 변화에 크게 좌우되는 비즈니스다. 그런 까닭에 웨스팅하우스의 도산은 분명하게 이렇다고 꼬집어 말하기 어려운 측면이 있다. 만약 동일본 대지진이 일어나지 않았다면, 그리고 후쿠시마 제1원자력발전소에서 일어난 사고를 막을 수 있었다면 웨스팅하우스의 운명은 바뀌었을 가능성도 있다.

원자력발전소로 대표되는 에너지 업계는 한 번의 큰 사고가 이후 업계의 규칙을 바꿔 버리는 경우가 있기 때문에 항상 커다란 리스크를 안고 있다. 그런 관점에서 보면 웨스팅하우스가 도산한 직접적인 요인은 동일본 대지진이라는 매우 드물지만 파급력이 큰 재해가 하필 그 타이밍에 일어난 것이라고 할 수 있다.

그렇지만 재해가 일어나지 않았다면 경영이 순조롭게 진행되었을까? 그렇지는 않았을 것이다. 웨스팅하우스에는 '기술력에 대한 과신'과 '위험 요인에 대한 경시'라는, 이 업계에서는 치명적이라고 할 수 있는 경영 태도가 감춰져 있었기 때문이다.

에너지 업계는 자연 재해의 불확실성과 끊임없이 마주해야 하기 때문에 항상 자기 기술력의 한계를 의심하면서 리스크에 진지하게 대비할 필요가 있다.

그러나 웨스팅하우스는 유감스럽게도 그러지 못했다. 자사가 보유한 PWR 기술에 절대적인 자신감을 보이며 다른 의견을 허용하지 않는 완고한 자세는 '피츠버그 먼로주의'라는 비아냥거림을 받을 정도였다. (먼로주의는 1823년에 제임스 먼로 미국 대통령이 제창한 고립주의 외교 방침이며, 피츠버그는 웨스팅하우스가 설립된 도시다.–옮긴이)

그리고 이러한 자세는 자신들을 인수해 모회사가 된 도시바에 대해서도 마찬가지였다. 도시바는 PWR 분야에서는 축적해 놓은 기술이 없었고, 미국에 원자력발전소를 판매한 실적도 없었다. 그래서 '미국에서 최초의 상용 원자력발전소를 가동시킨 회사'라는 강한 자부심을 가진 웨스팅하우스는 도시바를 얕잡아 보며 말을 듣지 않았다.

이를 상징적으로 보여 주는 사건이 2014년 웨스팅하우스가 중국 기업과 연합해 터키 원자력발전소의 우선 협상권을 획득한 일이었다. 중국 기업에 기술이 유출될 가능성 등 신중하게 접근해야 하는 문제들을 안고 있는 사안이었음에도 웨스팅하우스는 모회사인 도시바에 전혀 알리지 않고 독자적으로 입찰을 결정했다. 도시바는 이 건에 관한 사실 확인을 요청하는 일본 정부에 아무런 대답도 하지 못했다고 한다. 물론 도시바 측의 안일한 경영 관여에도 문제가 있었음은 틀림없지만, 한편으로 고립주의라고까지 불리는 웨스팅하우스의 독선적인 자세도 엿볼 수 있는 일화다.

웨스팅하우스의 도산에 동일본 대지진이 큰 영향을 끼친 것은 분명하다. 그러나 설령 동일본 대지진이 일어나지 않았더라도 이와 같은 기술력에 대한 과신과 고립주의적인 경영 방식으로는 리스크가 큰 에너지 업계에서 회사를 다시 일으켜 세우기 어려웠으리라 생각한다.

웨스팅하우스의 역사를 한마디로 정리하면 '기술 우위
성을 지닌 역사적 명문 기업이 기술력에 지나치게 의존
하다 환경 변화에 대응하지 못해 침몰했다'라고 말할 수
있을 것이다.

그리고 이것은 규모를 크게 축소하면 개인의 문제에서
도 자주 볼 수 있는 이야기다. 과거에 높게 평가받던 업
무 기술을 업데이트하지 않은 채 자부심만 커져서 고집
을 부리고, 자신의 문제점을 계속 감추다가 결국 커리어
를 망치는 사람, 주변에 한두 명쯤 있지 않은가?

이 명문 기업의 도산 사례는 일반인들이 빠지기 쉬운 커
리어의 함정에 관해서도 생각할 거리를 던져 준다.

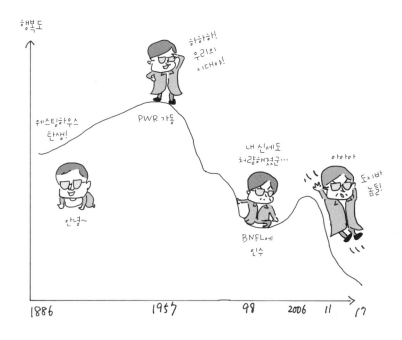

{ 웨스팅하우스의 도산에서 배우는 세 가지 포인트 }

01 자신이 보유한 기술만을 고집스럽게 믿는 자세는 예측하지 못한 사태가 일어났을 때 움직임을 둔하게 만든다.

02 모든 부분에서 완전할 수는 없다. 자신의 '기술의 한계'를 이해하자.

03 자신의 기술에 한계가 있는 이상, 어떻게 타인과 잘 협력할 수 있느냐가 중요하다.

기업명	웨스팅하우스
창업 연도	1886년
도산 연도	2017년
도산 형태	연방 파산법 제11장(재건형 도산 절차)
업종·주요 업무	제조업
부채 총액	98억 1,100만 달러
매출액	약 5,000억 엔(2015년)
도산 당시의 사원 수	약 1만 2,000명
본사 소재지	미국 펜실베이니아주 버틀러 카운티

09

사업 의욕이 너무
앞서서 망했다

| 전략상의 문제 편 | 취약 시나리오형

내 눈에는 보인다고~
저 수많은 비즈니스 기회가!

{ 스즈키상점 }

로컬 무역 기업에서
천하삼분의 거대 상사로 성장하다

스즈키상점은 1874년 외국에서 설탕을 수입하는 '양당(洋糖) 거래상'으로 고베에 설립되었다. 당시 양당은 일본 국내에서 생산된 설탕에 비해 품질이 우수할 뿐만 아니라 저렴하게 조달할 수 있었다.

그런 까닭에 제품으로서는 우위성이 있었지만 그렇다고 해서 간단한 비즈니스는 결코 아니었다. 상업 관습이 다른 외국인을 상대로 한 거래라는 점이나 거래에 사용하는 은의 시세 변동이 큰 영향을 끼친다는 점에서 매우 리스크가 높은 비즈니스였다.

스즈키 이와지로가 이끄는 스즈키상점은 그 리스크를 과감하게 떠안으며 성장했다. 그리고 이와지로는 1867년 개항한 고베항을 배경으로 성장한 벤처 기업의 대표적인 존재가 되었다.

그러나 1894년 그가 갑작스럽게 세상을 떠나자 스즈키상점은 위기를 맞는다. 이와지로의 개인 상점이었던 탓에 그대로 폐업할 가능성도 있었다. 이러한 상황에서 아내인 요네가 점주를 계승했는데, 그때부터 스즈키상점의 제2막이 시작되었다. 요네는 재능을 드러내기 시작했던 가네코 나오키치를 지배인으로 발탁했고, 결과적으로는 이 인사가 스즈키상점을 크게 도약시킨다.

가네코는 실패를 거듭했지만, 1895년 일본이 타이완을 식민지로 지배하기 시작하자 이를 계기로 타이완산 장뇌유의 판매권을 취득해 장사 기회를 확대하는 데 성공했다. 그리고 타이완 개발이라는 국책의 거대한 물결을 놓치지 않고 유력 정치가, 관료, 은행과 관계를 돈독히 함으로써 장뇌뿐만 아니라 박하와 제당, 제강 등 공업화를 진행 중인 일본에 필요한 물자를 중심으로 다각화를 추진했다.

이윽고 스즈키상점은 해운업에 직접 뛰어들어 해외 지점을 설치하고 삼국 무역을 시작했다. 단순한 일본의 일개 무역상이 아니라 일본을 대표하는 종합상사의 지위를 구축한 것이다.

그러던 시기에 1914년 제1차 세계대전이 일어난다. 가네코는 해외 파견 사원에게서 얻은 정보를 바탕으로 '모든 상선을 일제히 출동시켜 상품을 닥치는 대로 사들인다'는 과감한 결정을 내렸다. 정보망이 없는 경쟁 기업에서 보면 '미친 거 아닌가?'라는 생각이 들 정도의 결정이었지만, 이것이 크게 적중해 모든 상품의 가격이 급등했다.

1917년 스즈키상점은 15억 엔이라는 연간 무역 매출을 기록하며 연간 매출이 약 11억 엔이었던 미쓰이물산을 제치게 된다. "미쓰이·미쓰비시를 압도하거나, 그러지는 못하더라도 그들과 대등한 위치에서 천하를 삼분하거나"라는 '천하삼분의 선서'가 나온 것은 바로 이 시기였다.

제1차 세계대전이 끝난 뒤
간토 대지진의 타격으로 무너지다

스즈키상점은 이런 형태로 급격히 성장해 온 까닭에 '매점매석의 스즈키' 라는 이미지가 정착되어 있었다. 전쟁 중의 경기는 수많은 벼락부자를 배출했는데, 그 결과 빈부 격차가 확대되어 민중의 불만이 쌓여 갔다. 이런 상황에서 쌀값이 폭등하자 사람들의 분노는 세계적인 거대 상사가 된 스즈키상점을 향했다. 이렇게 해서 일어난 것이 1918년 '스즈키상점 방화 사건'이다.

또한 같은 해에 종결된 제1차 세계대전은 스즈키상점에 적지 않은 영향을 끼쳤다. 공업 제품의 가격과 선박 운임이 함께 폭락한 것이다. 이런 상황에서 스즈키상점에 심각한 일격을 가한 것은 1922년 워싱턴 해군 군축 조약에 따른 군함 건조 중지 명령이었다. 이에 따라 스즈키상점 산하의 고베세강소와 하리마조선소, 도바조선소 등에서 건조 중이던 선박이 전부 불량 재고가 되면서 핵심 사업이 순식간에 위기에 빠졌다. 훗날 가네코가 스즈키상점이 도산한 원인으로 지목했을 만큼 이 조약은 스즈키상점에 큰 타격을 입혔다.

게다가 이듬해인 1923년, 간토 대지진이 스즈키상점을 덮쳤다. 당연히 경제는 대혼란에 빠졌는데, 이미 위기 상황이었던 스즈키상점은 이 혼란을 극복할 체력이 남아 있지 않았다.

그리고 유일한 자금 조달처였던 타이완은행에서 신규 융자 정지를 통보받자 더는 사업을 계속할 방법이 없었다. 미쓰이·미쓰비시과 어깨를 나란히 하는 대재벌의 길을 걷고 있었던 스즈키상점은 1927년 사업을 청산하기에 이른다.

여담이지만, 스즈키상점이 도산한 뒤 산하의 기업들은 독립하거나 다른 재벌의 산하로 들어가는 등 각자의 길을 걷게 된다. 이제는 스즈키상점이라는 이름을 아는 사람이 얼마 없을지도 모르지만 종합상사인 소지쓰, 고베제강소, 섬유 회사인 데이진, 아사히맥주, 삿포로맥주, 미쓰이스미토모해상화재보험 등 유명한 일본 기업의 원류에는 스즈키상점이 자리하고 있음을 말해 두고 싶다.

사람·물자·돈의 균형을 잃은
경영 리스크가 수면 위로 드러나다

메이지 시대부터 다이쇼, 쇼와 시대에 이르는 일본의 역사 속에서 변화의 물결에 올라타 성장했고, 또 그 물결에 휩쓸려 몰락한 스즈키상점. 만약 이 혼란을 극복했다면 틀림없이 재벌이 되어서 오늘날 '스즈키'라는 이름을 단 수많은 기업이 존재했을 것이다. 그렇다면 무엇이 현재의 재벌과 스즈키상점의 운명을 다른 길로 이끌었을까?

그 커다란 이유는 '사업 구성'과 '자금 조달 형태'에 있었다. 스즈키상점의 핵심 사업은 불안정한 무역업이었다. 광산업을 기반으로 안정적인 수익을 만들고 있던 미쓰이와 미쓰비시, 스미토모와는 사업 구성이 달랐다. 게다가 스즈키상점은 다른 재벌과 달리 그룹 내에 고유의 은행이 존재하지 않고 자금 조달을 외부의 타이완은행에 지나치게 의존하는 불안정한 자금 공급 형태를 띠고 있었다. 아울러 당시 '주식회사화'를 통한 외부 자금 조달이라는 수법이 성행했는데도 '스즈키상점 이외의 사람을 의사 결정에 관여시키고 싶지 않다'는 생각에서 어디까지나 '가네코가 독단적으로 경영하는 합명회사'라는 체제를 고집했다. (합명회사란 사원 모두가 회사의 채무에 대해 무한 책임을 지는 기업 형태를 말한다.-옮긴이) 요컨대 자금 조달을 타이완은행에 과도하게 의존할 수밖에 없는 지극히 불안정한 상태였던 것이다.

하지만 가네코는 뼛속까지 상인이었다. 사업 기회를 찾아내는 데 천재적인 재능을 지녔으며, 왕성한 사업 의욕을 잃지 않았다. 그는 자금 조달 문제를 신경 쓰지 않고 최대한 많은 사업 기회를 추구했다. 외부에서 보면 '항상 독자적으로 새로운 사업을 벌이는 혁신가'였던 것이다.
그러나 한 꺼풀만 벗기면 '항상 자금 조달이 아슬아슬한, 페달을 계속 열심히 밟지 않으면 넘어져 버리는 자전거 조업'의 상태였는지도 모른다.

이 타이밍에 제1차 세계대전이 끝나고 간토 대지진이 발생한 것은 스즈키상점에 불행한 일이었지만, 이런 사건은 어디까지나 방아쇠에 불과했다. 본질적인 문제는 자금 조달 형태와 사업 구성에 있었던 것이다. 이 구조를 바꾸지 않는 한 언제가 되든 위기를 피할 수 없었을 것이다.

우리에게 주는
메시지

스즈키상점의 도산이 우리에게 주는 메시지는 보편적인 경영 이론의 중요성이 아닐까 싶다.

경영에서는 '사람·물자·돈'을 이해하고 활용하는 능력이 중요하다고 하는데, 스즈키상점은 '물자(비즈니스)'에 관한 재능은 있었지만 '사람'의 관리(가네코의 독불장군 경영에 의존할 수밖에 없었던 조직 체제)나 '돈'의 조달이라는 측면에서 균형을 잃었던 사례였다고 할 수 있다. 특히 자금 조달과 관련해 은행 차입을 고집하고 주식을 통한 조달을 거부한 것이 도산으로 가는 길을 앞당겼는지도 모른다.

오늘날에는 가상화폐나 크라우드 펀딩 등 하루가 다르게 자금 조달 수단이 진화하고 있다. 새로운 변화에 주목하면서 기존의 조달 방법에 과도하게 집착하지 말고 그때의 최적 수단을 생각해야 하지 않을까.

오래된 사례이기는 하지만 '사람·물자·돈'의 균형을 고려해야 한다는 관점에서 바라보면 아직도 배울 점이 많다. 특히 급성장 중인 벤처 기업은 한 번쯤 공부해 보면 좋을 것이다.

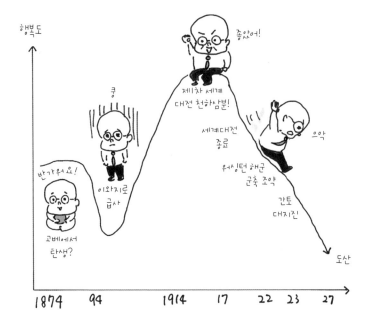

행복도

반가워요!
고베에서
탄생?

쿵
이와지로
급사

제1차 세계
대전 천하삼분!

좋았어!

세계대전
종료

워싱턴 해군
군축 조약

으악

간토
대지진

도산

1874   94   1914   17   22 23   27

{ 스즈키상점의 도산에서 배우는 세 가지 포인트 }

01 자신들이 보유한 사업 중에 안정적으로 현금을 만들어 내는 사업이 존재하는지 확인하자.

02 만약 사업 구성에 안정성이 없다면 안정적인 자금 조달이 생명선이 된다는 점을 인식하자.

03 우수한 슈퍼스타 한 명에게 의존하는 조직은 오래 지속되지 못한다. 인재의 파이프라인이 갖춰져 있는지 확인하자.

기업명	스즈키상점
창업 연도	1874년
도산 연도	1927년
도산 형태	경영 파탄(영업 정지)
업종·주요 업무	도매업, 소매업, 도매업(상사)
본사 소재지	일본 고베시 사카에마치 거리

10

부정 거래가
결정타가 되어 망했다

| 전략상의 문제 편 | 취약 시나리오형

하하, 영국 왕실의 신뢰를 받는 은행입니다!

{ 베어링스은행 }

'여왕 폐하의 은행'이라 불리며
유럽 최고의 은행이 되다

베어링스은행의 역사는 1762년까지 거슬러 올라간다. 영국으로 이민 온 독일인 이민자의 아들로서 무역을 생업으로 삼고 있었던 프랜시스 베어링은 무역상 간의 대금 지급 방식에서 비즈니스의 기회를 발견했다. '어음 인수'라는 금융 수법을 상인들에게 제공해 성공을 거둔 것이다. 이 업태는 이윽고 '머천트 뱅크'로 불리게 되었고, 베어링스은행은 최초의 머천트 뱅크로 알려지게 되었다. (머천트 뱅크는 영국 특유의 금융 기관으로 예금, 대출 등의 업무를 하지 않고 어음과 증권 발행을 종합적으로 하는 상업은행이다.-옮긴이)

그리고 프랜시스 베어링은 18세기 후반 산업혁명에 따른 대영제국의 약진과 함께 그 존재감을 키워 나갔다. 19세기 초엽에 이미 유럽 최고의 금융기관이 되어 있었던 베어링스은행은 사업을 국제적으로 확대해, 1803년 미국이 당시 프랑스령이었던 루이지애나를 사들일 때 양국의 중개와 자금 공급을 담당했다. 또한 프랑스 혁명과 나폴레옹 전쟁 등으로 필요해진 비용을 조달하기 위해 발행된 '전시 공채'의 최대 인수인으로서 국가를 상대로 존재감을 발휘하기도 했다.

당시 프랑스 총리가 "유럽에는 여섯 개의 강대국이 있다. 영국, 프랑스, 프로이센, 오스트리아, 러시아, 그리고 베어링브라더스다"라고 말했던 것에서도 베어링스은행이 어느 정도의 지위를 구축했는지 엿볼 수 있다. 베어링스은행은 '여왕 폐하의 은행'으로 불리기도 했는데, 이는 18세기부터 19세기에 걸쳐 영국의 산업 발전에 없어서는 안 될 존재로서 왕실을 포함한 국민들의 신뢰를 받고 있었다는 증거이기도 하다.

그 후 베어링스은행은 1890년 아르헨티나 혁명(정부에 민주화를 요구한 반란)의 영향으로 거액의 손실을 기록하며 경영 위기에 빠졌다. 그러나 베어링스은행의 도산은 영국 금융가인 '시티'의 파멸로 이어질 것이라는 우려에서 잉글랜드은행을 비롯한 경쟁사들까지 구제에 나선 덕분에 위기를 극복할 수 있었다. 이후로는 미국과 러시아, 캐나다, 중국, 일본 등 여러 나라와 관계를 강화하며 놀라운 속도로 회복해 나갔다.

그러나 20세기는 베어링스은행에 고난의 세기가 되었다. 두 차례의 세계대전을 거치면서 영국의 존재감이 서서히 약해지고 머천트 뱅크라는 의의도 희미해진 것이다. 게다가 1980년대 영국에서 '빅뱅'이라 부르는 금융 개혁이 일어나면서 고난은 더욱 심각해졌다.

빅뱅으로 기존의 지위를 잃고
트레이딩 부정을 방임하다

빅뱅은 1986년에 대처 정권이 실시한 금융 개혁이다. 당시 전형적인 영국의 계급 사회에 기반을 두고 있던 시티는 관습적이고 배타적이었다. 그 결과 세계 3대 금융시장으로 불리면서도 주식 거래액은 뉴욕의 13분의 1, 도쿄의 5분의 1까지 떨어졌고, 이런 상황에서 시티가 쇠퇴하여 공동화(空洞化)될 것이라는 위기의식이 높아져 갔다.

그래서 대처 정권은 빅뱅을 통해 ① 거래 수수료의 자유화 ② 거래소 회원권의 개방 ③ 투자자로부터 주문을 받는 브로커와 자기 계정으로 포지션을 잡는 장내 중매인의 겸업 인정 등 시장의 자유경쟁을 높이는 쪽으로 방향을 잡고 기존의 낡은 관습을 차례차례 철폐해 나갔다.
그러자 금융시장 자체는 성장했지만 그때까지 규제를 통해 보호받고 있었던 영국 국내의 금융기관은 어려움에 처하는 이른바 '윔블던 효과'가 나타났다. 그 대표적인 존재가 바로 베어링스은행이었다.

위기에 빠진 베어링스은행은 아시아 시장에서의 금융거래를 통해 활로를 열고자 했다. 그리고 이를 위해 일본 시장에서 이익을 내고 있었던 민완 트레이더 크리스토퍼 히스와 그가 이끌던 15명 정도의 멤버를 그대로 영입해 베어링파이스트증권(훗날의 베어링스증권)을 설립했다. 그러나 고작 15명을 영입한다는 이 사소한 의사 결정이 결국 베어링스은행의 종말을 불러오게 된다.

이윽고 베어링스증권은 일본의 버블에 힘입어 베어링스그룹에 그룹 전체 이익의 절반이 넘는 거액의 이익을 안겨 주기 시작했다. 이에 베어링스은 행은 거대한 가능성을 발견하고 아시아의 금융거래에 힘을 쏟기 시작했는데, 그 직후에 버블이 붕괴하면서 막대한 손실을 보고 만다.
일본의 버블 붕괴로 경영이 기울기 시작한 베어링스은행의 숨통을 끊어버린 인물은 22세였던 1989년에 베어링스증권으로 이직한 젊은 트레이더, 닉 리슨이었다. 자카르타에서 일하다 1992년 싱가포르로 파견된 리슨은 선물거래 부문의 사무 책임자로 부임했는데, 트레이더로서 현장에 나가고 싶던 그는 프런트오피스와 백오피스를 겸하게 되었다. 트레이딩 업무라고는 해도 시장 내의 작은 가격 차이를 찾아내 소소한 이익을 내는 재정거래였기 때문에 리스크는 크지 않았을 터였다.

그러나 그는 직원이 일으킨 작은 거래 실수를 계기로 어떤 빈틈을 발견했다. 프런트오피스와 백오피스를 겸하면서 오류 계정(거래 내용을 잘못 들었거나 잘못 말하는 등의 실수로 발생한 손실을 일시적으로 넣어 두기 위해 개설된 계정)을 악용하면 거래 손실을 은폐할 수 있다는 사실을 깨달은 것이다. 오류 계정을 이용해 손실을 은폐하면서 이익을 크게 낼 수 있는 방법을 찾아낸 그는 1993년도에 베어링스증권 도쿄 지점에 800만 파운드의 이익을 가져다줬다.

그리고 이런 활약 덕분에 베어링스가 1994년 SIMEX(싱가포르 국제금융거래소)에서 올해의 트레이더상을 수상해 회사 내에서 평가가 높아지자 그의 행동은 점점 더 대담해졌다. 실제로는 오류 계정에 감춰져 있었던 거액의 손실을 메우기 위해 대규모로 선물과 옵션 거래를 하는 지극히 도박성 높은 거래 수법에 빠져든 것이다.

하지만 1995년 1월 17일 일본에서 일어난 한신·아와지 대지진을 계기로 모든 것이 드러나고 만다. 리슨은 1월 23일부터 27일까지 5일 동안 표면적으로는 500만 파운드의 이익을 낸 것으로 되어 있었지만, 실제로는 닛케이 평균 주가의 대폭락으로 무려 4,700만 파운드나 되는 손실을 낸 상태였다.

이런 거액의 손실을 언제까지나 감출 수는 없었다. 회사에서는 행방을 알 수 없던 일부 자금에 대해 추궁하기 시작했고, 결국 더는 숨길 수 없게 된 리슨은 1995년 2월 23일에 아내를 데리고 종적을 감췄다. 그리고 이때 베어링스은행은 비로소 사태의 전말을 파악하게 되었다.

리슨이 도주한 지 4일 후인 2월 27일, 베어링스은행은 최종적인 손실액이 8.6억 파운드로 자기 자본인 4.7억 파운드를 크게 웃돈다는 사실을 밝히고 파산을 선고받았다. 200년 넘게 이어져 온 역사가 한 사람이 일으킨 리스크로 허무하게 막을 내리는 순간이었다.

이익을 내면 그만이라는 생각이
결정적인 리스크로 이어지다

일반적으로 베어링스은행의 붕괴를 생각하면 닉 리슨을 떠올린다. 오래 전이지만 닉 리슨의 이야기는 이완 맥그리거 주연의 영화 〈겜블〉로도 만들어졌다. 영화를 보고 그가 저지른 부정에 강렬한 인상을 받은 사람도 많을 것이다.

그러나 깊이 파고들어 보면 리슨이 일으킨 사건은 '물을 넘치게 만든 마지막 동전 한 닢'과 같은 것으로, 설령 그가 나타나지 않았다 해도 베어링스은행은 경쟁 환경 속에서 살아남기가 매우 어려웠으리라는 점을 깨닫게 된다.

한마디로 표현하면 보유 능력(capability)과 경쟁 환경의 부조화다. 영국 신사 스타일의 보수적 기질을 가진 회사가 빅뱅에 따른 자유경쟁 환경에서 금융공학을 구사하는 미국계 투자은행에 승리할 가능성은 거의 없었다. 자기 자본이 투자은행에 비해 3분의 1에서 6분의 1 정도밖에 없었던 까닭에 허용 가능한 리스크는 필연적으로 작을 수밖에 없었다. 하물며 리스크 관리 능력이 뛰어난 것도 아니었다. 그런 베어링스은행이 '이익을 내고 있다'는 이유만으로 아시아의 금융거래에 발을 들여놓은 것은 죽음을 앞당기는 의사 결정일 뿐이었다.

이 역사 깊은 기업의 도산 사례에 대해 '한 젊은 트레이더의 부정을 어떻게 막았어야 했는가'라는 시각에서 생각할 수도 있을 것이다. 그러나 본질은 경쟁 전략에 대한 '의사 결정 문제'다.
시곗바늘을 1980년대 중반으로 되돌린다면 몇 가지 선택 가능한 전략은 있었을 터다. 이익의 규모는 그리 크지 않지만 틈새 영역인 M&A 고문 업무 등으로 전환하는 방법도 있었을 것이고, 트레이딩 업무로 전환하면서도 리스크를 감안해 백오피스의 보유 능력을 철저히 강화하는 방법 또한 가능성은 있었을지 모른다.

그러나 베어링스은행은 그 중요한 타이밍에 '이익을 내고 있는 개인(히스와 리슨)에게 의존한다'라는 형태로 흐름에 몸을 맡겨 버렸다. 비판적인 관점에서 바라보면 중요한 타이밍에 전략에 대한 의사 결정을 포기했다고도 할 수 있다. 그렇게 생각하면 리슨의 부정은 1980년대 중반의 의사 결정이 10년이라는 시간차를 두고 강렬한 부메랑이 되어서 돌아왔다고 볼 수도 있다.

경쟁 환경 속에서는 어떤 무대에서 싸울 것인가에 대한 의사 결정이 모든 것을 좌우한다고 해도 과언이 아니다. 베어링스은행의 사례는 그 중요성을 우리에게 다시금 인식시켜 준다.

우리에게 주는
메시지

베어링스은행의 사례는 개인의 커리어에 대해서도 똑같은 메시지를 전해 준다. 중요한 타이밍에는 자신이 어디에 서 있을지를 명확히 결정해야 한다. 자신의 특성을 깊게 생각하지 않고 단순히 '전부터 이래 왔으니까'라든가 '이쪽이 매력적으로 보이니까' 같은 이유만으로 휩쓸려 버리면 나중에 부메랑이 되어 돌아올 수 있다.

기업의 전략 선택이 그렇듯이 현재의 커리어도 항상 '어떤 무대에서 싸울 것인가에 대한 과거의 의사 결정'에 얽매여 있는 것이다.

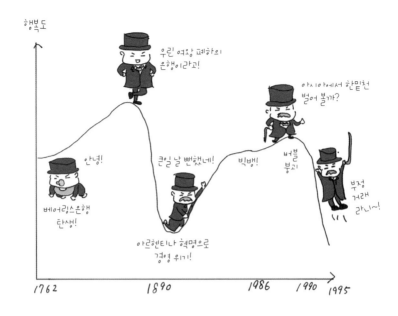

{ 베어링스은행의 도산에서 배우는 세 가지 포인트 }

01 자신이 싸울 무대를 어디로 정의할 것인가에 대한 의사 결정이 모든 것을 좌우한다.

02 의사 결정을 할 때 안일하게 '지금 이익이 나고 있으니까'라는 이유로 선택해서는 안 된다.

03 외부의 환경 변화와 내부의 능력에 입각해서 싸울 무대를 냉정하게 정의하자.

기업명	베어링스은행
창업 연도	1762년
도산 연도	1995년
도산 형태	경영 파탄(영업 정지)
업종·주요 업무	은행업
부채 총액	8억 5,000만 파운드
도산 당시의 사원 수	1,200명
본사 소재지	영국 런던

11

부정의 트라이앵글에
빠져 망했다

| 전략상의 문제 편 | 취약 시나리오형

이 세상은
왜 이렇게 낭비가
심한지 모르겠다니까~

우리가
새로운 경제를
만들겠어!

{ 엔론 }

평범한 가스 파이프라인 회사에서
미국 신경제의 상징이 되다

엔론은 1985년 가스 파이프라인 기업인 인터노스가 경쟁사인 휴스턴내 추럴가스를 인수하면서 탄생했다. 이 합병으로 엔론은 '미국 최대의 가스 파이프라인을 보유한 기업'이 되었지만, 설립 당시는 텍사스주 주변의 중소 가스 생산업자들에게서 천연가스를 사들인 다음 파이프라인을 통해 그것을 운송하는 평범한 가스 파이프라인 회사였다.

그런데 야심가인 케네스 레이 CEO가 레이건 정권의 규제 완화를 배경으로(주 경계를 넘어가는 가스 운송의 자유화, 가스 가격의 자유화, 가스 운송업자의 소매 사업 해금 등) 엔론의 사업을 확대했다. 구체적으로는 1989년에 '가스 은행' 사업을 본격적으로 시작한다. 파생 금융 수법 등을 활용해 고객에게 안정적인 가격으로 천연가스를 제공할 수 있는 시스템을 조성한 것이다. 낭비가 많은 구태의연한 기업이 지배하는 구경제와 달리 금융공학을 활용해 새로운 '자유경제'를 만들어 냄으로써 소비자에게 이익을 가져다주었다. 이런 '신경제(new economy)'의 스토리는 당시 미국에서 커다란 지지를 얻었고, 엔론과 케네스 레이 CEO는 자유화를 추진하는 미국의 상징으로서 시대의 총아가 되었다.

엔론은 가스 은행의 시스템을 어떤 식으로 만들었을까? 시장을 만들기 위해서는 먼저 가스를 일정 가격에 안정적으로 제공할 생산자가 있어야 한다. 엔론은 당시 많은 가스 생산업자가 낮은 가스 가격과 은행의 융자 긴축으로 어려움에 빠져 있다는 데 착안해, 가스 생산업자에게 선급금을 지급하고 일정 기간 동안 고정 가격에 가스를 살 권리를 취득했다(가스 생산자가 도산했을 경우 가스 광구의 소유권을 획득할 권리도 함께). 이 계약 수법 덕분에 가스 은행은 가스를 넉넉하게 사들일 수 있게 되었다.

그러나 당연하게도 이 방식에는 과제가 있었다. 거액의 선급금 부담이 발생한다는 것이었다. 엔론 본사에서 자금을 조달하면 신용 등급 때문에 높은 금리를 지불해야 해 재정을 압박하게 되며, 이것이 다시 엔론의 신용 등급을 악화시킬 수 있었다. 그래서 엔론은 오프밸런스, 즉 외부에 SPE(특별 목적 사업체)를 조성하고 SPE가 높은 신용 등급을 받을 수 있도록 환경을 조성함으로써 저금리에 자금을 조달했다.

금융공학과 계약 수법을 조합한 이 방식은 가스 이외의 분야에서도 활용이 가능했다. 바로 가스에 이어 자유화가 시작된 '전력'과 '수도'였다. 전력은 시장 규모가 가스의 네다섯 배에 이를 가능성이 있었으며, 전력과 가스의 교차 상품 거래는 막대한 이익을 가져다줄 수 있었다.

이처럼 가스 분야에서 구축한 방식을 잠재력이 큰 시장에 활용함으로써 엔론은 단순한 가스 파이프라인 회사에서 크게 비약해 미국 전체가 주목하는 급성장 기업이 되었다.

복잡한 금융공학과 회계 수법의
실태가 드러나다

엔론을 일약 성장 기업으로 끌어올렸던 SPE 수법은 곧 엔론을 좀먹기 시작했다. 이 수법 자체는 일반적인 것이며 위법이 아니다. 그러나 엔론이 보유한 SPE의 수는 훗날 3,500개까지 늘어났고, 그 실태를 이해하는 사람은 이 방법을 생각해 낸 제프리 스킬링 CEO와 앤드루 패스토 CFO밖에 없었다고 한다. 그러나 여기에는 거대한 시한폭탄과도 같은 리스크가 숨어 있었다. 그 리스크는 다음 세 가지다.

① 엔론의 신용 등급이나 주가가 일정 기준을 밑돌면 외부화한 SPE의 리스크를 엔론 본사가 일괄 상환한다는 조건이 삽입되어 있었다.

② SPE를 이용해서 손실을 은폐하고 간부진이 자신들의 배를 불리기 위한 부정을 저지르고 있었다.

③ SPE가 다른 SPE에 투자하는 형식을 취하고 있었다.

요컨대 부정이 발각되거나 주가가 하락하면 SPE가 도미노처럼 연쇄적으로 도산하고, 그 결과 엔론 본사의 경영이 파탄을 맞는 구조였던 것이다. 그렇기 때문에 엔론은 무슨 일이 있어도 주가를 사수해야 했다.

이 계약을 인식하고 있었던 경영진은 주가에 민감했고, 그래서 항상 기업의 규모가 커 보이도록 노력했다. 가스 은행 등의 마켓 비즈니스는 본질적으로 이익이 적지만, 다양한 회계 수법의 해석과 복잡한 금융공학을 조합해 이익이 적어 보이지 않는 결산 수치를 지속적으로 만들어 냈다.

그러나 그런 무리한 행위가 오래 계속될 수는 없었다. 리스크가 드러난 계기는 2001년 4월의 재무제표에 의문을 느낀 애널리스트의 질문에 스킬링이 보인 반응이었다. 내용을 공개할 수 없는 까닭에 스킬링이 제대로 된 답변을 하지 못하자 위태로움을 감지한 헤지펀드들의 공매도가 줄을 이었다. 이때부터 주가가 급락했고, 그 과정에서 간부진의 부정도 드러났다. 마침내 첫 번째 도미노가 쓰러진 것이다.

그 뒤로 도산까지는 긴 시간이 필요하지 않았다. 의문이 제기된 지 1년도 지나지 않은 2001년 12월 엔론은 연방 파산법 제11장을 신청하게 된다. 미국 경제 전문지 《포천》에서 6년 연속 '미국에서 가장 혁신적인 기업'으로 선정되는 영광을 누렸던 엔론이 이렇게 순식간에 도산하리라고는 그 누구도 예상하지 못했다.

실적 압박이 지나쳐
부정의 트라이앵글을 저지르다

우리는 이런 종류의 사건을 '특정 경영진의 폭주'로 치부해 버리곤 한다. 분명히 결과만을 보면 경영진의 폭주임에는 틀림없지만, 폭주에 이르려면 '최초의 질주'가 필요하며 그 최초의 질주를 낳은 구조가 반드시 존재한다. 그렇다면 왜 최초의 질주가 발생했을까?

후일담을 살펴보면, 먼저 이 폭주의 이면에는 결과에 대한 강한 압박이 있었음을 알 수 있다. 엔론의 인사 제도에는 '랭크 앤드 양크(rank and yank)'라는 말로 표현되는 평가 제도가 있었다. 반년에 한 차례 평가를 하고 5등급 중 최저 등급(하위 15퍼센트)에 위치한 사람은 추방하는 시스템이다. 이로 인해 일반 사원뿐만 아니라 경영진도 성과에 대한 강한 압박을 느낄 수밖에 없었다.

일련의 부정을 주도한 장본인으로 불리는 패스토 CFO는 항상 스킬링

CEO에게 언제 해고당할지 모른다는 초조함을 느꼈다고 한다. 이런 초조함을 발생시키는 구조에 안일한 관리·감사 체제, 그리고 '자유화를 추진하는 선진 기업'이라는 대의가 더해진 결과 패스토를 비롯한 일부 사원의 최초의 질주가 시작된 것이다.

미국의 범죄학자인 도널드 R. 크레시는 이 구조를 '부정의 트라이앵글'이라는 용어로 이론화했다.
① 부정을 저지르기로 마음먹는다면 저지를 수 있는 '기회'가 존재할 것
② 부정을 저지르면 현재의 문제를 해결할 수 있다는 '동기'가 있을 것
③ 부정을 나쁜 것이 아니라고 '정당화'할 만한 이유가 존재할 것
이 세 가지가 갖춰졌을 때 부정이 일어난다는 것이다.

엔론의 경영에는 이 세 가지 조건이 모두 갖춰져 있었다. 결국 늦든 빠르든 시기의 문제일 뿐 이런 위기 사태가 필연적으로 일어날 수밖에 없었던 것이다.
엔론 사건을 계기로 회계 사무소의 감사 체제를 포함한 통치 시스템의 재검토와 윤리 교육의 개정이 진행되었다. 그 배경에는 부정의 트라이앵글을 발생시키지 않는 시스템을 만들어야 한다는 사회적 요구가 자리하고 있었다.

우리에게 주는
메시지

엔론 수준의 대규모 부정은 흔히 일어나는 일이 아니다. 그러나 '작은 부정'은 우리 주변에서 언제라도 일어날 수 있다. 그런 부정을 일으키지 않기 위해, 혹은 자신이 당사자가 되지 않기 위해서는 주위에 존재하는 '기회', '동기', '정당화'의 싹을 뽑아 놓는 것이 중요하다.

인간은 절대 강하지 않다. 누구나 궁지에 몰리면 얼마든지 선을 넘을 수 있다. 이 사례는 그런 약한 존재인 인간이 선을 넘지 않게 하는 시스템을 만드는 일이 중요하다는 점을 가르쳐 준다.

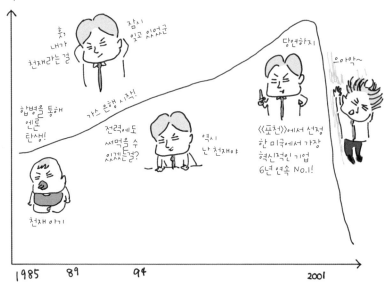

{ 엔론의 도산에서 배우는 세 가지 포인트 }

01 인간은 약한 존재라고 생각하고 부정이 일어날 '기회'를 없애고자 노력하자.

02 부정이 일어나는 배경에는 '동기'가 존재한다. 과도한 압박감을 주고 있지는 않은지 확인하자.

03 나쁜 것을 억지로 '정당화'하는 논리가 횡행하고 있지는 않은지 생각해 보자.

기업명	엔론
창업 연도	1985년
도산 연도	2001년
도산 형태	연방 파산법 제11장(재건형 도산 절차)
업종·주요 업무	종합 에너지 거래 IT 비즈니스 사업
부채 총액	약 400억 달러
도산 당시의 매출액	1,010억 달러(2000년)
도산 당시의 사원 수	약 2만 2,000명(2000년)
본사 소재지	미국 텍사스주 휴스턴시

12

주가 상승 폐달을
돌리다 망했다

| 전략상의 문제 편 | 취약 시나리오형

{ 월드컴 }

신경제의 물결에 올라타
아메리칸 드림을 실현하다

월드컴의 창업자인 버나드 에버스의 첫 번째 커리어는 고등학교를 졸업한 뒤 시작한 우유 배달이었다. 그리고 고등학교 농구 코치를 거쳐 모텔을 경영했는데, 그의 인생에 전환점이 찾아온 때는 1983년이었다. 독점금지법 위반으로 AT&T가 여덟 개 회사로 분할되고 통신 사업의 규제가 완화되기 시작한 것이다. 이러한 방향성에서 비즈니스의 기회를 발견한 에버스는 친구와 함께 장거리 할인 전화 서비스 업체인 LDDS커뮤니케이션스를 창업했다.

에버스의 생각대로 이 비즈니스는 규제 완화를 배경으로 크게 성장했다. 1993년에는 메트로미디어를 인수해 대기업에 버금가는 규모의 장거리 국제 전화 회사가 되었고, 이듬해인 1994년에는 국제 통신 회사인 IDB월드컴을 인수하면서 회사명을 월드컴으로 바꿨다. 그리고 이후에도 70곳이 넘는 기업을 인수하며 회사를 확대해 나갔다.

1990년대 후반에는 월드컴의 비상으로 이어지는 인수가 두 건 실시되었다. 하나는 1997년의 UUNET테크놀로지 인수다. 인터넷 서비스 제공자인 UUNET테크놀로지는 마이크로소프트와 제휴를 맺어 이름을 널리 알린 기업이었다. 다른 하나는 1998년의 MCI커뮤니케이션스 인수다. 거대 통신 회사인 MCI커뮤니케이션스는 본래 영국의 브리티시텔레콤과 합병이 결정된 상태였는데, 중간에 끼어들어 더 높은 금액을 제시함으로써 인수에 성공했다. 당시 MCI커뮤니케이션스는 월드컴의 세 배 규모였는데, 이 '새우가 고래를 삼킨' 인수를 통해 월드컴은 AT&T에 버금가는 거대 통신 회사로 급부상했다.

우유 배달원에서 거대 통신 기업의 창업자로. 영화의 스토리 같은 아메리칸 드림의 시작이었다. 월드컴이 이렇게까지 성장할 수 있었던 원동력인 적극적인 매수의 배경을 이해하기 위해서는 당시 미국에서 각광받던 '신경제론'을 알 필요가 있다.

신경제란 물건 만들기를 기반으로 한 제조사 주도형에서 IT 주도형으로 경제가 전환될 것이라는 예측이다. 제조사는 아무리 생산성을 높여도 한계가 찾아오지만, IT 업계는 천장 없는 성장을 기대할 수 있다. 당시 부진에 허덕이던 GM 등 과거에 미국을 대표하던 제조사의 후퇴와 마이크로소프트로 대표되는 IT 기업의 약진을 배경으로 '향후 미국 경제는 IT를 통해 영속적으로 성장할 것'이라는 낙관적인 예측이 정설로 받아들여지고 있었다.

당시 에버스는 "미래의 정보 통신량 증가율은 100일마다 두 배가 될 것이다"라고 말했는데, 이 말이 1998년에 미국 상무부가 발표한 보고서 〈이머징 디지털 경제(The Emerging Digital Economy)〉에 실렸을 만큼 온세상이 IT의 가능성을 믿어 의심치 않던 시기였다.

그런 낙관론의 영향으로 이익을 내지 못하는 IT 기업에도 거액의 자금이 흘러들었고, 그 결과 높은 주가를 기록하는 기업이 탄생했다. 이것이 이른바 닷컴 버블이다. 월드컴은 투자자들에게 기업의 장래성을 매력적으로 이야기함으로써 매력적인 IT 기업의 대표로서 닷컴 버블의 혜택을 제일 먼저 누렸다. 1990년대 이후 신경제라는 시대 배경과 에버스의 재능이 기업의 실태와는 거리가 먼 월드컴의 허상을 만들어 낸 것이다.

부정 회계와 주가에 의존하는
비즈니스 전략이 화를 부르다

그러나 버블은 언젠가 붕괴되기 마련이다. 월드컴은 광케이블을 부설하기 위한 설비 투자를 세계 규모로 실시했는데, 많은 기업이 이 버블에서 뒤처지지 않고자 설비 투자 경쟁을 벌였다. 미국 정부의 통계에 따르면 1996년부터 2000년까지 미국의 통신 업계는 4,000억 달러나 되는 규모의 설비 투자를 실시했으며, 그 대부분이 광케이블에 투자되었다. 결과적으로 미국에서 필요한 용량의 20배나 되는 규모였다. 그리고 2000년 9월, '인텔 쇼크'를 계기로 버블이 붕괴된다.

게다가 엎친 데 덮친 격으로 월드컴에 거대한 역풍이 불었다. 스프린트와의 합병이 백지화된 것이다. 당시 2위였던 월드컴은 3위인 스프린트와 합병해 연 매출 500억 달러의 2위·3위 연합 기업이 된다는 계획을 발표했는데, 미국 법무부가 독점법 위반이 의심된다며 합병을 불허함에 따라 2000년 7월에 합병을 백지화하는 사태에 몰렸다. 닷컴 버블의 붕괴와 대형 M&A의 백지화가 겹치면서 월드컴의 주가는 크게 하락했다.

CFO인 스콧 설리번이 분식 회계에 손을 댄 것도 이 무렵이었다. 이익이 많이 나는 것처럼 보여서 조금이라도 주가를 유지하기 위해 본래는 비용으로 계상해야 할 회선 설비료를 자산으로 계상하는 간단한 회계 조작을 해 버린 것이다. 그러나 내부 감사를 통해 2001년부터 2002년 제1사분기까지 5기 연속으로 총 38억 달러 이상의 수익을 조작한 사실이 밝혀졌고, 월드컴은 결국 2002년 6월에 이 사실을 공표했다. 그리고 7월에는 연방 파산법 제11장을 신청했다.
이 분식 회계가 이미 목숨만 간신히 붙어 있는 상태였던 월드컴의 숨통을 완전히 끊어 버린 것이다.

문제의 본질은 부정 회계가 아니라 주가에 의존할 수밖에 없는 전략에 있었다

월드컴의 도산을 이야기할 때는 아무래도 '부정 회계'에 주목하게 되는데, 사실 부정 회계는 월드컴이 도산에 이르는 마지막 계기에 불과했다. 그 본질은 부정 회계의 이전 단계에 있는 경영 전략에 있었다.

월드컴의 경영 전략은 대체 무엇이었을까? 그것은 인프라를 확보하면서 사용자를 확보한다는 단순한 전략이다. 월드컴은 기존의 통신 네트워크를 다른 곳보다 빨리 사들여 인프라를 정비해 나갔다. '100일마다 두 배로 증가'한다는 통신량의 수요 확대 속도를 따라잡기 위한 쉽고 빠른 방법이었다. 한편 고객 기반을 보유하고 있는 기업도 사들임으로써 사용자를 획득해 갔다.

그렇다면 왜 월드컴이 이 경쟁을 지배했고 경쟁사는 월드컴을 따라오지 못했던 것일까? 그 이유는 인수에 필요한 막대한 현금에 있었다. 당시 정말로 '100일마다 두 배'라는 속도로 트래픽이 증가한 것은 아니었으며, 아직은 수익을 낼 수 있는 상황이 아니었다. 따라서 기업 인수를 위한 현금은 고객을 대상으로 올리는 매출이 아니라 다른 곳에서 가져와야 했는데, 경쟁사들은 이것이 불가능했다.

월드컴은 어떻게 '회수 전망이 불투명한 선행 투자 게임'을 실행할 수 있었을까? 바로 이 시점에 '주가'라는 키워드가 등장한다. 즉, 무엇인가를 계기로 월드컴의 주가를 높일 수 있다면 주식 교환을 통해 저렴한 가격에 기업을 사들일 수 있다. 그리고 그 인수 결과에 대한 기대감이 주가를 더욱 높임으로써 다시 새로운 인수에 뛰어들 수 있다. 이 연쇄를 통해 인프라와 고객을 확보할 수 있다는 시나리오다.

말하자면 장대한 규모의 '자전거 조업'이라고 할 수 있다. '주가 상승'이라는 페달이 멈추는 순간 자전거는 쓰러질 수밖에 없기 때문에 월드컴은 끊임없이 페달을 밟아야 했다. 에버스는 이런 상황을 알고 있었기에 월드컴을 실제보다 커 보이게 하려고 끊임없이 노력했고, 그 노력이 부정 회계로 이어진 것이다.

주가는 외부 환경의 변화에도 영향을 받기 때문에 통제가 불가능하다. 자전거로는 도저히 넘을 수 없는 언덕도 있기 마련이다. 그런 취약한 시스템에 자신들의 운명을 의존한 것이 월드컴의 본질적인 문제였다고 할 수 있다.

우리에게 주는
메시지

사람들은 이런 이야기를 결과론적으로 바라보면서 '버블'이라는 한마디로 결론지으려 한다. 물론 당시 버블이 있었던 것은 틀림없다. 그러나 자신이 당사자였다면 실력보다 높은 평가를 받는 가운데 어떻게 행동했을지 생각해 보자. 가령 하늘을 나는 새도 떨어뜨릴 기세였던 1990년대 후반 월드컴에서 경영진으로 영입하고 싶다는 제안을 받는다면 어떻게 했을까?

회사에 대한 현재의 평가가 실제와 괴리되어 '버블 상태'에 빠져 있음을 깨달을 기회는 많을 것이다. 그러나 평가를 실제와 맞추려 하면 주가가 폭락해 많은 사람을 혼란에 빠뜨리게 된다. 일단 이 허상의 사이클 안에 들어가면 빠져나오기는 지극히 어렵다. 그래서 적당한 수준에서 수습하지 못하고 부정 회계가 발각되어 도산에 이르는 비극적인 결말을 맞이한다.

이런 종류의 역사는 반드시 반복된다. 지금의 우리가 할 수 있는 일은 이런 과거 사례를 '간단한 말'로 결론짓지 말고 당사자의 처지가 되어서 깊게 생각해 보는 것이다.

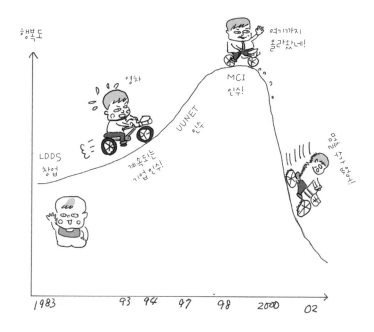

{ 월드컴의 도산에서 배우는 세 가지 포인트 }

01 경영을 통제가 불가능한 외부 요인에 의존하고 있지는 않은지 확인하자.

02 통제 불가능한 외부 요인을 억지로 통제하려 하고 있지는 않은지 되돌아보자.

03 지금의 비즈니스에서 '버블'의 기미를 눈치챘을 경우 어떻게 빠져나올 수 있을지 생각해 보자.

기업명	월드컴
창업 연도	1983년
도산 연도	2002년
도산 형태	연방 파산법 제11장(재건형 도산 절차)
업종·주요 업무	통신업
부채 총액	약 410억 달러
본사 소재지	미국 미시시피주

13

공격적인 전략이
통하지 않아 망했다

| 전략상의 문제 편 | 취약 시나리오형

{ 산코기선 }

고도성장기에 변칙적인
수법으로 정상에 오르다

산코기선은 1934년 당시 아직 학생이었던 고모토 도시오가 매형과 함께 설립한 회사. 전시에 일본과 중국 간의 화물선 수요가 증가할 것을 예상한 고모토는 톈진 항로용으로 화물선 다섯 척을 발주해 큰 이익을 손에 넣었다.

야망이 컸던 그는 1949년 중의원 선거에 출마해 당선되었는데, 그 후로 기업가 겸 정치가로서 정계에서 실력을 키워 가는 동시에 계속 경영에 관여했다. 정계와의 연결 고리는 산코기선에 큰 힘이 되었다.

고모토는 자주 독립 경영을 모토로 세계 최대의 선주가 되겠다는 야망을 품고 있었고, 보유 선박을 대형 해운사에 빌려주는 오너 회사를 넘어 독자적으로 선단을 운항하는 오퍼레이터가 되려 했다.

1964년에 대형 해운사들이 정부의 지원 아래 재편에 참가해 해운 집약 체제를 형성했는데, 산코기선만은 "국가의 보조를 받으며 집약 체제 아래에서 경영을 하는 것이 아니라 철저한 합리화를 통해 운항 효율을 최대화해야 한다"라며 참가를 거부하고 독자적인 길을 걷기 시작했다.

또한 큰 비전 아래 자력으로 배를 건조해 1960년대에는 30척을 자력으로 건조하기에 이르렀다. '해운계의 외로운 늑대'로 불린 산코기선은 이와 같은 독자 노선을 통해 고도 경제 성장기의 일본에서 제약 없이 신속하고 대담하게 의사 결정을 함으로써 크게 비상할 수 있었다.

그리고 1970년대에는 매우 독특한 경영 수법으로 비즈니스계를 떠들썩하게 만들었다. 그것은 바로 자금 조달 방법이었다. 1971년부터 3년 사이에 네 차례나 제3자 할당 증자를 실시해 912억 엔이나 되는 자금을 모은 것이다. 이렇게 단기적으로 거액의 제3자 할당 증자를 실시한 것은 전례가 없었으며, 주가 통제로도 이어질 수 있었기에 큰 주목과 비판을 동시에 받았다.

이 거액의 자금은 대량의 유조선 발주와 '산코증권'이라고 불릴 정도의 대규모 주식 투자를 가능하게 했다. "산코기선 경영의 본질은 주식 투기와 선박 장사다"라는 당시의 비판처럼, 산코기선은 주식이든 선박이든 저렴한 시기에 대량으로 조달했다가 비싼 타이밍에 전부 팔아 버리는 수법을 철저히 고수했다. '고모토 상법'이라고 불리는 이 수법은 계속 상승하는 주가를 배경으로 대규모 투자를 실시하고 그 투자를 회수해 현금을 만들어 내는 선순환을 이루었다.

산코기선의 전성기는 선순환이 절정에 이르렀던 1973년이었다. 인플레이션으로 선박 투자 열풍이 불면서 조선업계도 유례없는 활황세를 보였다. 그러나 그 직후, 석유 파동이 산코기선을 덮쳤다.

| 왜 망했을까? |

파격적인 전략이 실패하면서
정재계를 떠들썩하게 만들고 무너지다

1973년 제1차 석유 파동이 발생해 유조선 시장이 침체되기 시작한다. 이에 따라 유조선의 수요는 순식간에 산코기선의 예상보다 크게 위축되었고, 세계적인 유조선 과잉이 표면화되면서 선박 건조 계약의 절반 이상이 취소되는 사태가 발생했다. 리스크를 떠안고 있었던 산코기선으로서는 심각한 타격이었다. 그리고 '선박 장사'라는 비아냥거림을 받았던 선박의 전매도 선박 시세가 큰 폭으로 하락하면서 봉쇄되었다. 도박에 실패한 산코기선은 이때부터 하락 일로를 걷게 된다.

1983년 산코기선은 결국 560억 엔이라는 거액의 경영 손실을 기록한다. 그리고 경영 위기설이 나도는 가운데 기사회생을 위해 다시 한번 큰 도박에 나선다. 실적 부진의 원인이 된 유조선 의존에서 벗어나 소형 벌크선

81척을 한꺼번에 건조한다는 방침을 발표한 것이다. 유조선보다 훨씬 채산성이 좋은 소형 선박의 비중을 높여 수지 개선을 꾀하는 동시에 타이밍을 봐서 매각해 이익을 낸다는 전략이었는데, 81척이라는 규모 때문에 "산코기선이 최후의 도박에 나섰다"라며 화제를 모았다.

그러나 이 도박도 실패로 끝나고 만다. 마치 산코기선의 대량 발주를 기다렸다는 듯이 전 세계의 선주가 일제히 소형 선박을 발주한 것이다. 산코기선으로서는 역행 투자를 노린 전략이었지만, 결과적으로 선박이 과잉되는 바람에 전매를 할 수 없게 되었다.

마지막 도박에 실패한 산코기선은 1985년 5,200억 엔이라는 거액의 부채를 떠안고 회사 갱생법을 신청하기에 이른다. 본래라면 세상을 떠들썩하게 만들 대형 도산이었지만, 일본항공 여객기의 추락 사고가 일어난 다음 날이었던 까닭에 주목을 받지 못하고 조용히 지나갔다.

여담이지만, 도산 당시 고모토는 이미 산코기선의 경영진에서 퇴임한 상태였다. 1974년 통상성 장관에 취임하면서 산코기선의 경영에서 손을 뗀 것이다. 그러나 사실상의 오너라는 점, 도산으로 정재계를 떠들썩하게 만든 데 책임을 지고 도산과 동시에 오키나와 개발청 장관을 사임했다. 자민당 고모토파를 이끄는 우두머리로서 총재를 노리는 위치에 있었지만, 도산으로 인해 총재 선거 출마가 가로막혔다.

그렇지만 산코기선의 이야기는 여기서 끝이 아니다. 산코기선은 회사 갱생법 신청 후 실시한 구조 조정이 성공을 거둬 1998년에 재생 채무를 조기 상환함으로써 재건 계획을 완료한다. 도산이라는 쓰디쓴 경험을 거쳐 부활한 것이다.

그러나 이후 또 다른 비극이 찾아왔다. 2008년에 2,000억 엔이 넘는 매출액을 달성하며 또다시 큰 주목을 받았지만, 같은 해 리먼브라더스 사태가 발생하자 세계적으로 선박 수가 증가하는 상황 속에서 수송량이 급격히 떨어지고 말았다. 연료 가격의 급등, 엔화 강세에 따른 환차손, 그리고 리먼브라더스 사태 이전에 발주했던 선박의 인수가 이어지면서 산코기선의 경영은 급격히 위기에 빠졌다. 재건을 위해 노력했지만 성과는 없었고, 결국 2012년 1,600억 엔에 가까운 채무를 끌어안은 채 또다시 회사 갱생법을 신청했다.

리스크가 큰 과감한 도전으로
판을 뒤집지 못하다

산코기선의 도산을 이해하기 위해서는 먼저 해운업의 특성을 이해할 필요가 있다. 해운업은 한마디로 말하면 자신들이 통제할 수 없는 환경 변화에 큰 영향을 받는 업계다. 글로벌한 시장과 국제적인 수급 균형에 따라 가격이 크게 변동한다. 경제가 호전되면 해운 수요가 높아지고, 이 수요를 선박의 공급이 따라잡지 못하면 가격이 오른다. 단순한 시장 메커니즘이며, 그 메커니즘을 통제하기는 본질적으로 불가능하다.

게다가 여기에 환율이나 원유 가격, 선원의 인건비 같은 외적 변화의 영향이 더해진다. 그런 복잡하고 통제 불가능한 환경 변화에 몸을 맡기면서, 수주부터 준공까지의 기간을 감안해 수백억 원에서 수천억 원이 들어가는 선박을 건조하기 위한 비용 등의 의사 결정을 내려야 하는 것이다.

다시 말해 해운업은 본질적으로 '환경 변화에 어떻게 적절하게 대응하느냐'의 싸움이며, 그래서 변화에 대한 의사 결정을 조금이라도 그르치면 곧장 경영 위기에 이르기도 한다. 따라서 해운 업체들은 비용을 절감하면서 장기 계약으로 안정을 꾀하고 다양한 선박 포트폴리오를 형성한다는 생존술을 통해 무슨 일이 일어나더라도 살아남을 수 있는 체제를 구축하고 있다.

그러나 산코기선은 그 길을 선택하지 않았다. '환경 변화에 대응하는' 것이 아니라 '환경 변화를 읽고 기회를 예측해 도박을 거는' 방식으로 과감하게 도전했다. 물론 그 예측이 적중하면 보상은 크지만, 예상치 못한 일도 일어나는 것이 세상의 이치다.

결국 석유 파동이라는 예상치 못한 사태로 추락하고, 리먼브라더스 사태라는 또 다른 예상치 못한 사태로 두 번째 추락을 경험하고 만다. 아무리 재능이 있어도 안전장치 없는 도전이 계속 성공하기는 어려운 것이다.

산코기선 사례는 '만일의 상황'을 염두에 두는 자세가 중요하다는 점을 가르쳐 준다.

앞으로 일어날 수 있는 일을 생각할 때 '불확실성의 정도'와 '일어났을 때의 파괴력'이라는 두 축을 기준으로 정리할 수 있다. 이때 대책을 생각하기 용이한 것은 당연히 '불확실성이 낮은' 일이다. 예를 들어 소비세 증세에 대한 대책 등은 떠올리기 쉬울 것이다.

그러나 한편으로 '불확실성은 높지만 일어났을 때의 파괴력은 큰' 사분면에 속하는 일에 대해 생각하는 것도 잊지 말아야 한다. '그런 일이 일어나면 큰일인데'라는 감정이 '그런 일이 일어날 리가 없어'라는 형태로 변환되어 생각하기를 거부해 버리기 때문이다. 산코기선의 사례는 아무리 잘나가고 있더라도 만일의 상황에 대비하지 않은 기업에는 반드시 그 청구서가 날아온다는 사실을 가르쳐 준다.

불확실성은 높지만 일어났을 때의 파괴력이 큰 사건은 무엇인가? 잠시 멈춰 생각해 보자.

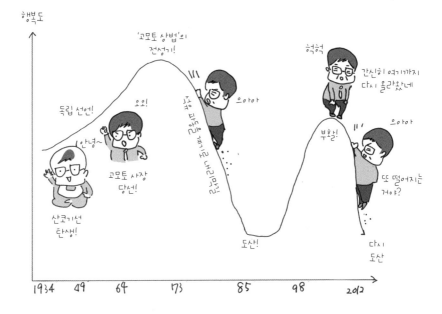

{ 산코기선의 도산에서 배우는 세 가지 포인트 }

01 불확실성이 높고 파괴력이 큰 사건을 정리해 보자.

02 그 사건이 일어났을 경우 어떻게 해야 할지, 대책을 구체적으로 생각해 보자.

03 중장기적인 시점에서 바라보면 안전장치가 없는 공격 일변도의 자세는 언젠가 실패를 맞이할 수 있다는 점을 기억하자.

기업명	산코기선
창업 연도	1934년
도산 연도	1985년, 2012년
도산 형태	회사 갱생법 적용
업종·주요 업무	해운업
부채 총액	5,200억 엔(1985년) 1,600억 엔(2012년)
도산 당시의 매출액	995억 9,500만 엔(2012년 3월)
도산 당시의 사원 수	91명(2012년)
본사 소재지	일본 도쿄도 미나토구

14

의자 빼앗기 게임에서
패배해 망했다

| 전략상의 문제 편 | 취약 시나리오형

{ 엘피다메모리 }

반도체 산업에서 V자 회복으로
일본 반도체의 부활을 예고하다

'산업의 쌀'로 불리는 반도체. 그 반도체 분야에서 일본 기업이 번성했던 시기는 1980년대였다. 1980년대 후반에는 일본 기업의 반도체 시장 점유율이 50퍼센트가 넘었다. 특히 D램이라고 불리는 반도체는 일본의 특기 분야로서 품질이 높고 가격이 저렴해 시장을 석권하고 있었다.

그러나 귀중한 산업에서 일본의 독주를 용납할 수 없던 미국은 미일 반도체 협정 등을 통해 일본 기업을 견제했다. 미국 다음에는 삼성으로 대표되는 한국 기업이 일본 기업을 맹추격했다. 그 결과 1990년대 후반에 들어서자 일본의 반도체 기업은 모조리 몰락해 생존을 위한 합병을 모색하게 된다.

엘피다메모리는 그런 시대 배경 속에서 1999년 NEC와 히타치제작소의

DRAM 사업 정리·통합을 통해 탄생한 회사다. 당초의 회사명은 'NEC히타치메모리'였지만, 이듬해에 희망(Elpis)이라는 그리스어와 두 회사의 역동적인(dynamic) 사업 통합(association)이라는 말을 조합해 '엘피다(ELPIDA)'라는 이름으로 출발했다.

그러나 엘피다의 사업 운영은 '역동적인 사업 통합'이라는 이름과는 정반대였다. NEC와 히타치가 각자 자신들의 권리를 주장하며 나눠 먹기 식의 타협적인 경영으로 일관한 것이다. 환경 변화에 맞춰 신속하게 비즈니스를 추진해 나가는 것이 아니라, 조정에 조정을 거듭하면서 두 회사의 의향을 확인한 다음 결정하는 방식으로 경쟁력 있는 경영은 절대 아니었다. 당연히 회사가 잘될 리 없었다. 2001년 251억 엔, 2002년 238억 엔, 2003년 264억 엔이라는 영업 손실을 기록했다. 2002년 외부에서 초빙된 사카모토 유키오 사장은 당시를 회상하며 "그때까지 3년 동안 줄곧 이런 식으로 일을 했던 것인가 하는 생각에 아연실색했습니다"라고 말했다.

사카모토 사장의 기용으로 엘피다는 회복의 조짐을 보이기 시작한다. 인텔과 일본정책투자은행의 증자를 받아 생산 라인에 투자했고, 2003년에는 미쓰비시전기의 DRAM 사업을 인수했다. 그 결과 2004년에는 151억 엔의 이익을 기록하기에 이른다. 사카모토 사장이 취임한 지 채 2년도 지나지 않아 적자 기업이 V자 회복을 달성한 것이다. 그리고 같은 해 11월에는 IPO(신규 주식 공모)를 실현함으로써 '일본 반도체의 부활'이라며 다시 주목받게 된다. 그 후 사카모토 사장 체제에서 순조롭게 성장한 엘피다는 2007년 3월기에 영업 이익 684억 엔, 순이익 529억 엔이라는 최고 실적을 기록한다.

하지만 단기간에 실적을 회복한 엘피다의 전성기는 여기까지였다. 이때 부터 엘피다는 맹렬한 기세로 굴러떨어지기 시작한다.

| 왜 망했을까? |

반도체 가격 변화와 엔화 강세로
자금 조달에 실패하다

2007년은 엘피다가 최고 실적을 기록한 해였지만 한편에서는 '반도체 가격의 변화'라는 파도가 밀려오고 있었다. DRAM이 공급 과잉 상태가 되어 1년 사이에 가격이 6분의 1 이하로 하락한 것이다.

그 배경에는 마이크로소프트가 내놓은 윈도 비스타의 특수에 대한 잘못된 기대가 있었다. 반도체 회사들이 비스타 특수를 예측하고 양산에 나섰지만 실제로는 그다지 수요가 증가하지 않았고, 그 결과 DRAM 가격은 폭락했다. 대대적인 설비 투자를 실시했던 엘피다는 결과적으로 2008년 3월기 결산에서 순손실 235억 엔이라는 큰 적자를 내고 말았다.

엎친 데 덮친 격으로 이듬해인 2008년 리먼브라더스 사태가 발생했다. 그해 결산에서 엘피다는 1,800억 엔에 가까운 순손실을 내며 자금 조달

위기에 빠진다. 엘피다는 일본정책투자은행에서 300억 엔의 제3자 할당 증자(공적 자금)를 받는 동시에 대형 은행 등에서 1,100억 엔의 융자를 받아 간신히 위기를 벗어날 수 있었다.

그러나 한 고비를 넘기자 다른 고비가 찾아왔다. 이번에는 엔화 강세였다. 매출의 90퍼센트를 해외에서 올리던 엘피다는 서서히 궁지로 몰렸다. 2011년 12월이 되자 현금 흐름이 심각한 상황에 이르렀다. 융자를 받은 1,100억 엔의 상환 기한인 2012년 4월을 앞두고 일본정책투자은행에서 "2012년 2월 말까지 제휴처를 물색해 1,000억~2,000억 엔의 자본 증강을 실시하지 못한다면 지원은 불가능하다"라는 통지를 받은 것이다.

기한까지 남은 시간은 불과 몇 개월. 사카모토 사장은 제휴처를 물색했지만 반도체 불황 속에서 교섭이 난항을 겪는 사이 통지받은 기한이 지나버렸다. 방법이 없어진 엘피다는 2012년 2월 말에 회사 갱생법을 선택하고 말았다.

시가 총액이 900억 엔이나 되는 대기업이 공적 자금을 투입한 지 불과 3년 만에 도산했다는 예상 밖의 전개는 시장에 커다란 충격을 안겼다.

불안정한 자금 조달 체계가
성패를 가른 치명타가 되다

반도체 업계는 대형 설비 투자가 모든 것을 결정하는 곳이다. 최첨단 설비에 대한 투자를 어떤 타이밍에 어느 정도로 할 것인가? 그리고 그 설계를 생산으로 연결함으로써 제품의 수율을 얼마나 높일 것인가? 이 단순한 싸움에서 승리할 수 있다면 저렴한 가격에 고품질의 반도체를 제공해 더 많은 고객을 확보할 수 있으며, 이를 통해 비용을 더욱 낮출 수 있게된다. 요컨대 일반적으로 말하는 '규모의 경제'가 잘 통하는 업계이며, 이 '투자 → 고객 획득 → 저비용화 → 재투자'라는 선순환을 만들 수 있느냐없느냐가 생사를 좌우하는 것이다.

반도체 업계에서 이 규모 경쟁에서 승리해 앉을 수 있는 의자의 수는 극히 적다. 즉, 이 한정된 의자를 차지하지 못하면 탈락하는 단순한 싸움이다. 당시 이 의자를 차지한 삼성과 SK하이닉스는 서서히 DRAM 시장 점유율을 높여 나갔다. 엘피다는 결과적으로 엔화 강세가 결정타가 되어 최후를 맞이하고 말았지만, 본질적으로는 반도체 업계의 치열한 의자 빼앗기 게임에서 패배했다고 할 수 있다.

의자 빼앗기 게임의 본질은 '자금 조달'에 있다. 반도체 사업은 대형 투자가 선행되는 싸움이며, 환율이나 실리콘 사이클(반도체 산업의 경기 순환 주기) 등의 수급 균형에 크게 좌우되는 비즈니스다. 그 대규모 투자를 회수하기 전에 예상치 못한 사태가 작게라도 발생하면 운전자금이 돌지 않아 도산하고 만다. 그런 까닭에 자금 조달의 선택지를 얼마나 폭넓고 유연하게 담보할 수 있느냐가 중요하며, 현금이 바닥을 드러내는 순간 매출이나 이익이 많아도 '게임 오버'가 되어 버린다. 이것이 규칙인 것이다.

엘피다의 치명적인 약점은 '주거래 은행의 부재', 즉 자금 조달의 난이도가 높았던 것이었다. 의도적으로 주거래 은행을 만들지 않음으로써 누구에게도 속박받지 않고 자유롭게 경영한다는 생각이었지만, 이 선택은 커다란 리스크를 동반했다.

2008년 경영 위기 당시 대형 은행에서 대형 자금 조달을 실시했지만, 하루가 다르게 현금이 줄어드는 상황에서 상환 시기가 다가왔다. 달리 긴밀하게 소통할 수 있는 금융기관이 없는 가운데 이만큼 피가 마르는 상황은 없었을 것이다. 결과적으로 금융기관의 매몰찬 통지를 받았을 때 남은 유예 기간은 3개월에 불과했다. 그 사이에 제휴처를 물색하라는 것은 너무나도 가혹한 조건이었다.

훗날 사카모토 사장이 "주거래 은행을 만들어 놓았어야 했다"라고 후회했듯이, 대형 투자가 필수적이고 경쟁이 치열한 반도체 사업에서 자금 조달이 불안정했다는 점이 최후의 성패를 가른 요소였다고 할 수 있다.

우리에게 주는
메시지

엘피다의 역사는 불과 10여 년 만에 막을 내렸다. 이 이
야기는 게임의 규칙을 숙지하는 것이 중요하다는 점
을 가르쳐 준다. 어떤 비즈니스든 반드시 암묵적 규칙
이 존재한다. 이를 MBA 용어로는 '핵심 성공 요인(key
success factors, KSF)'이라고 한다. 규칙을 인식하고 충
족하기 위해 노력하지 않으면 아무리 우수하더라도 살
아남을 수 없다.

과연 우리는 자신이 속한 비즈니스의 규칙을 파악하고
있는가? 비즈니스에서 승리하기 위해서는 무엇이 필요
한가라는 질문을 받았을 때 그 요건을 망라해서, 즉 자
신에게 전문성이 없는 영역까지 포함해서 이야기할 수
있을까?

이렇게 폭넓은 시점에서 비즈니스의 규칙을 파악하는
것은 경영자의 위치에 있을 때 요구되는 사고방식이다.
제조에만 집중하기 쉬운 반도체 업계에서 '재무'라는 잃
어버린 조각을 채우지 못해 뜻을 이루지 못하고 사라진
엘피다의 사례는 경영 전략의 중요성을 알려 준다.

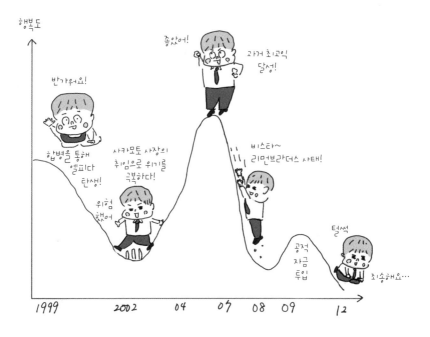

{ 엘피다의 도산에서 배우는 세 가지 포인트 }

01 자신이 속한 업계의 핵심 성공 요인을 생각해 보자.

02 핵심 성공 요인과 자신의 조직에 괴리가 있지는 않은지 생각해 보자.

03 그 괴리를 어떻게 메울 것인가가 바로 경영 전략의 중심이 된다.

기업명	엘피다메모리
창업 연도	1999년
도산 연도	2012년
도산 형태	회사 갱생법 적용
업종·주요 업무	전기 기기
부채 총액	약 4,818억 엔
도산 당시의 매출액	5,143억 엔(2011년 3월기)
도산 당시의 사원 수	5,957명(2011년 9월 말)
본사 소재지	일본 도쿄도 미나토구

초조함에서 비롯된 일탈형

초조한 나머지 허용 가능한
범위를 벗어나 버리다

야마이치증권 / 홋카이도척식은행
지요다생명보험 / 리먼브라더스

엉성한 매니지먼트형

**매니지먼트가
지나치게 허술·엉성하다**

마이칼 / 노바 / 하야시바라 / 스카이마크

기능 저하형

**경영진과 현장의 거리감이 너무 먼 탓에
조직으로서 기능하지 못하다**

콘티넨털항공 / 다카타 / 시어스

15

거짓말이 눈덩이처럼
커져 망했다

| 매니지먼트상의 문제 편 | 초조함에서 비롯된 일탈형

법인에 집중하는 거야.

다른 곳에 지면 안 돼!

{ 야마이치증권 }

기업의 자금 조달 파트너로서
증권 업계를 견인하다

야마이치증권은 과거에 일본 4대 증권사로 불렸던 곳으로, 실업가인 고이케 구니조가 창업했다. 당시 저명한 실업가였던 와카오 잇페이의 밑에서 17년 동안 일하며 현장에서 감각을 익힌 고이케는 1897년에 31세의 나이로 독립해 고이케구니조상점을 설립했다. 이때 회사의 문장으로 산(∧) 아래에 일(一) 자가 있는 와카오 가문의 문장을 선택했는데, 이것이 훗날 회사의 명칭인 '야마이치(山一)'의 유래가 되었다.

고이케는 지역 사이에서 발생하는 시장의 작은 가격 차이를 노려서 이익을 내는 재정거래를 극대화해 일본의 증권·금융가 가부토초 최고의 재정거래가가 되었다. 1909년 시부사와 에이이치 등과 동행한 미국 시찰 여행에서 월스트리트를 방문했을 때, 투자은행을 보고 감명을 받아 도박성이 높은 증권업에서 투자은행으로 변신하기로 결심한다. 당시는 아직 지금처럼 주식을 통한 자금 조달이 발달하지 않았던 시기였지만, 고이케는 주식시장이 더욱 확대될 가능성을 발견한 것이다.

이윽고 그는 자금 조달에 어려움을 겪는 기업의 든든한 파트너가 되었다. 훗날 증권 업계에서는 일반 투자자 분야에 강점을 지닌 '개인의 노무라 증권'과 기업 분야에 강점을 지닌 '법인의 야마이치증권'이라는 포지션이 확립되는데, 그 원류와 기반은 이 시기에 고이케가 수많은 기업과 쌓은 신뢰와 인맥에 있었다.

1917년 고이케는 향후에 산업이 발전하면 은행업이 증권업 이상으로 크게 성장할 것이라 내다보고 고이케은행을 설립했다. 기존의 증권 회사는 야마이치합자회사로 만들고(1926년에 야마이치증권으로 개편), 동지였던 스기노 기세이에게 사장 자리를 맡겼다. 야마이치라는 이름이 역사에 처음으로 등장한 순간이었다.

당시는 경공업에서 거액의 자금이 필요한 중공업으로 전환되는 시기였다. 스기노는 그런 시대 배경 속에서 고이케가 확립한 비전을 바탕으로 기업 측의 자금 조달 수요에 부응했고, 이를 통해 야마이치는 수많은 증권사 중에서도 정상의 자리에 올랐다.

그 후 제2차 세계대전에 따른 경제 정지 기간을 거쳐 고도성장기가 시작되었고, 이에 발맞추듯이 일본의 주식시장도 전에 없던 열풍에 휩싸였다. 어려움에 빠져 있던 증권사들은 이 시기에 부활했는데, 열풍이 일어나면 그 반동으로 불황도 발생하기 마련이라 1961년부터 1965년까지 4년 동안 주가가 40퍼센트나 하락하는 증권 불황기가 찾아왔다.

이 시기에 4대 증권사 가운데 가장 큰 타격을 받은 곳은 야마이치증권이었다. 그 이유는 강점이었던 법인 영업의 허술한 심사에 있었다. 야마이치증권은 요즘으로 치면 벤처 기업의 상장 주간사를 적극적으로 맡았는데, 상장 심사가 허술한 가운데 시세가 하락하는 바람에 결과적으로 주가 하락을 방어하기 위해 대량의 주식을 매입하게 되었다. 이에 따라 야마이치증권의 경영은 단번에 벼랑 끝까지 몰리고 말았다.

시중에 '야마이치증권 위기설'이 순식간에 퍼졌고, 1965년에 고객들이 투자금을 인출하기 위해 야마이치증권으로 몰려드는 소동이 발생했다. 상황이 이렇게 되자 일본 정부는 즉시 일본은행을 통해 특별 융자를 실시함으로써 야마이치증권을 위기에서 구제했다.
그 후 다행스럽게도 일본 경제가 '이자나기 경기'라고 하는 유례없는 호황을 맞이한 덕분에 야마이치증권은 경영을 급속히 호전시켜 불과 4년 만에 특별 융자금을 모두 갚을 수 있었다. 하지만 이 경험은 야마이치증권에 '다소 무리를 하더라도 정부가 도와주겠지. 그리고 이후에 경기가 회복되면 다 없었던 일처럼 무마할 수 있어'라는 '위험한 안심'을 심어 줬다.

그리고 세상은 1985년의 플라자 합의 이후 순식간에 버블 시대로 돌입한다. (플라자 합의는 미국, 프랑스, 독일, 일본, 영국 등 다섯 개국이 외환시장에 개입해 달러를 일본 엔화, 독일 마르크에 대해 절하하기로 한 조치다.-옮긴이) 1985년 1만 1,000엔대였던 닛케이 평균 주가는 1989년 12월 말에 3만 8,915엔까지 급등했는데, 그사이 야마이치증권은 4대 증권사 중 최하위라는 위치에서 벗어나고자 법인 고객에 의지해 매출을 늘리려 했다. '영업 특금'도 이를 위한 시책 중 하나였다. 이것이 야마이치증권을 파멸로 이끌게 된다.

영업 특금의 손실 보전을 감추려던
'날리기'가 파멸을 부르다

특금이란 '특정 금전 신탁'의 약칭으로, 고객이 신탁은행 등과 상담해 운용 방법을 구체적으로 정하고 예금을 맡기는 금융 상품이다. 그런데 버블 속에서 구체적인 운용 방법을 결정하지 않고 증권사에 운용을 맡기는 상품이 등장했다. 이것이 '영업 특금'이다.

남아도는 자금을 어떤 형태로든 운용(재테크)하고 싶은 기업과 주식시장이 지속적으로 상승하는 가운데 운용 이익을 내고 싶은 증권사의 이해가 일치함에 따라 영업 특금은 순식간에 확산되었고, 증권사는 모두 경쟁적으로 영업 특금을 수주하는 데 열을 올렸다. 이런 상황에서 야마이치증권은 "영업 특금을 1조 엔 모으시오"라는 경영진의 지시 아래 영업 특금으로 회사 전체 이익의 60퍼센트에 해당하는 이익을 올렸다.

그러나 이 영업 특금은 문제를 내포하고 있었다. 사전에 수익률을 약속하는 것은 본래 위법이었는데, 경쟁이 격화되자 명함의 뒷면 등을 이용해 이익률을 약속하고 만일 도달하지 못하면 그만큼의 손실을 보전하는 행위가 업계 내부에서 암암리에 횡행했던 것이다. 이를 문제시한 정부는 1989년에 영업 특금의 해약과 사후 손실 보전을 금지한다고 통지했다.

이렇게 영업 특금 수주 경쟁이 과열되는 가운데 갑자기 버블이 붕괴되었다. 그리고 주가가 정점 기준 40퍼센트 이하까지 하락하자 영업 특금은 원금 손실을 보기 시작했다. 원칙적으로는 수익률의 사전 약속이 금지되어 있으므로 손실은 전부 고객인 기업이 떠안아야 했다. 그러나 암암리에 횡행했던 사전 약속의 존재가 증권사를 뒤흔들었다.

당시 사장이었던 유키히라 쓰기오 회장은 고객과의 트러블을 피하기 위해 대형 폭탄급 손실에 대한 보전을 지시했고, 그 결과 끌어안게 된 적자는 자회사에 떠넘기기로(날리기) 결정했다. 즉, 표면적인 분쟁을 피하면서 손실은 숨기기로 한 것이다.

그러나 영원히 위법을 숨길 수는 없었다. 1997년 4월, 경제 주간지 《도요게이자이》가 야마이치증권의 손실 보전과 날리기 의혹을 보도했다. 또한 7월에는 총회꾼에 대한 이익 공여 사건으로 도쿄 지검이 야마이치증권을 강제 수사했다. (총회꾼은 소액의 주식을 보유하고 주주의 권리를 남용하면서 회사에 금품 등을 요구하는 사람을 말한다.-옮긴이)

이에 대한 책임을 지고 미키 아쓰오 사장과 유키히라 회장이 사임하고 노자와 쇼헤이 전무가 사장이 되었지만, 도쿄 지검은 9월에 상법 위반 혐의로 미키 아쓰오를 체포한다.

이러한 상황 속에서 야마이치증권은 빠르게 붕괴했고, 남은 선택지가 없어지자 11월에 결국 자진 폐업을 결정했다. 1997년 고이케구니조상점부터 시작된 101년 역사가 이렇게 막을 내리고 말았다.

결과지상주의가 부른 사소한 거짓말이
눈덩이처럼 커져 버리다

버블 이후 야마이치증권에는 치명적인 의사 결정이 있었다.

① 영업 특금의 '사전 수익률 약속'이 위험하다는 것을 알고도 끝까지 가속 페달을 밟았다.

② 영업 특금으로 발생한 손실이 표면화되어 분쟁이 발생하는 상황을 회피하기 위해 고객의 손실을 보전했다.

③ 날리기로 3,000억 엔 손실을 장부에서 숨기기로 결정했다.

④ 실적 악화로 주주총회 분위기가 험악해질 것을 두려워해 총회꾼에게 이익을 공여했다.

하나의 실책이 하나의 거짓말을 부르고 그 거짓말이 다시 새로운 거짓말을 부르는 과정이었다. 버블 속에서 영업 특금의 수주에 속도를 낸 것은 분명히 야마이치증권의 기반을 뒤흔들었지만, 만약 적절한 타이밍에 사실을 털어놓았다면 자진 폐업이라는 최악의 결과에는 이르지 않았을 것이다.

그렇다면 야마이치증권은 왜 1991년 말에 날리기를 단행했을까? 날리기의 당사자였던 유키히라는 참고인 질의에서 이렇게 말했다. "주가는 1990년부터 하락하고 있었습니다. 다만 당시는 일본 전체가 아직 더 성장할 것이라고 믿는 분위기였습니다. 저도 언젠가는 회복될 것이라고 생각했는데, 그 생각을 너무 과신했습니다."

그의 발언에서 과정을 경시하는 '결과지상주의' 색채가 강하게 느껴진다. 즉, '결과적으로 주가가 오르면 도중의 방식이 어떠했든 결과가 좋았으니 문제없다'는 생각이다. '다소 규칙을 어기더라도 나중에 없었던 일처럼 무마할 수 있다'는 위험한 사고방식은 장기적으로 봤을 때 반드시 비참한 결과를 불러온다.

하지만 과거의 영향도 있지 않았을까? 바로 1965년의 경영 위기에서 부활한 경험이다. 그때 야마이치증권은 '경기가 회복되면 과거의 일탈은 없었던 일처럼 무마할 수 있다'는 것을 경험했다. '일탈과 무마'라는 경험이 '버블 붕괴는 일시적인 주가 하락에 불과하다'라는 근거 없는 기대와 맞물려 넘지 말아야 할 선을 넘게 만든 것이 아닐까 싶다.

우리에게 주는
메시지

결과를 중시할 것인가, 과정을 중시할 것인가? 우리는 이 질문에 대한 답이 '어느 한쪽'이 아닌 '양쪽 모두'임을 알고 있다. 결과를 낼 수만 있다면 뭐든지 해도 되는 것이 아니며, 결과에 집착하면서도 규칙 속에서 싸우는 것이 중요함은 굳이 말할 필요도 없다.

그러나 가장 무서운 것은 '규칙을 어겼지만 어쩌다 보니 좋은 결과가 나온' 경험이다. 매출이라는 결과가 좋으면 그 과정이 문제시되지 않을 때가 많다. 다시 말해 '일탈과 무마'의 경험이 축적되는 것이다.

그러므로 우리는 결과가 좋을 때일수록 과정에 집착해야 한다. '일탈과 무마'를 허용하면 그 기억은 시한폭탄처럼 회사를 좀먹을 수 있다.

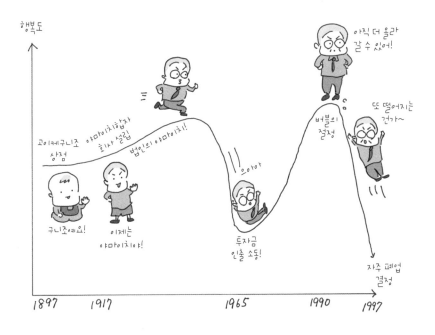

{ 야마이치증권의 도산에서 배우는 세 가지 포인트 }

01 업무의 결과보다 중시되고 있는 업무의 과정이 있는 지 확인해 보자.

02 일단 일탈한 과정은 아무리 좋은 결과를 내더라도 숨 길 수 없음을 인식하자.

03 과정을 일탈했을 때 새로운 거짓말이 쌓이지 않도록 방파제를 만들자.

기업명	야마이치증권
창업 연도	1897년
도산 연도	1997년
도산 형태	경영 파탄(영업 정지)
업종·주요 업무	증권업
부채 총액	3조 5,085억 엔
도산 당시의 매출액	2,108억 엔(영업이익)
도산 당시의 사원 수	약 7,500명
본사 소재지	일본 도쿄도 주오구

16

실적을 위한 허술한
심사로 망했다

│ 매니지먼트상의 문제 편 │ 초조함에서 비롯된 일탈형

{ 홋카이도척식은행 }

홋카이도 경제를 뒷받침하며
믿음직한 은행으로 인정받다

홋카이도척식은행은 1900년 홋카이도 개척을 위한 장기·저이자 자금을 제공하기 위해 설립된 국책 특수 은행이었다. '척식 채권'을 발행해 홋카이도 외부 지역에서 모은 자금으로 홋카이도 내의 농업 등에 융자를 실시했다. 그 후 1950년 민간은행으로 재출발해 일본 국내는 물론 홍콩과 뉴욕 등에 광역적인 영업 기반을 구축했으며, 1955년 마침내 도시은행의 대열에 합류했다.

도시은행 중에서는 가장 작은 은행이었지만, 홋카이도 내에서는 최대 규모의 도민은행으로서 신뢰가 높은 금융기관이었다. '척은'에 계좌를 가지고 있는 것이 신용할 수 있는 기업 또는 경영자의 증표로 여겨질 만큼 믿음직한 '브랜드'였던 것이다.

특히 제2차 세계대전 이후 부흥기에 홋카이도는 제조업이 약했고 따라서 제지업과 제당업 등 지역 경제의 기반을 지탱하는 척은의 존재감은 클 수밖에 없었다.

그 결과 홋카이도척식은행은 홋카이도 재계에 큰 영향력을 행사하게 되었으며, 홋카이도전력과 홋카이도은행 등 다른 도내 대기업을 제치고 리더 기업으로서 굳건한 지위를 구축했다.

융자 실적을 높이기 위해
리스크가 큰 기업에 투자하다

홋카이도척식은행이 도산에 이른 계기는 버블기의 경영에 있었다. 1985년 플라자 합의 이후 '돈이 남아도는' 현상이 계속되었다. 그전까지는 돈을 빌려주고 싶어도 대출 한도가 발목을 잡아서 빌려줄 수 없었지만 이제 반대로 상대가 돈을 빌리고 싶어 하지 않아도 빌려줘야 하는 상황이 된 것이다. 금리 변화로 게임의 규칙이 바뀐 순간이었다.

대형 도시은행들은 그 규칙 변화에 발맞춰 일찌감치 도쿄 도내의 우량 대출 안건을 확보하고 있었다. 그러나 홋카이도척식은행은 그럴 수가 없었다. 홋카이도는 버블의 도래가 늦었던 탓에 우량 융자 안건이 그리 많지 않았던 것이다. 물론 도쿄 도내에도 지점이 있기는 했지만 압도적인 자원을 보유한 대형 도시은행을 이길 수는 없었다. 게다가 수도권에서는 요코

하마은행과 지바은행 등 지역 은행에게 맹추격을 당하고 있었다.

홋카이도척식은행은 융자 실적을 만들기 위해 홋카이도의 '인큐베이터 안건'에 사활을 걸었다. 쉽게 말하면 홋카이도의 신흥 기업을 육성한다는 방침이지만, 결국 실적이 미지수인 리스크 안건일 뿐이었다. 1990년에는 최고 이익을 기록했지만, 버블이 붕괴된 뒤인 1991년부터 리스크가 드러나기 시작했다. 땅값 하락으로 융자처의 담보 가치가 융자금을 밑도는 사태가 속출했고, 경영이 위기에 몰린 안건이 나타났다. 이른바 '불량 채권'이다.

1994년에는 9,600억 엔이라는 거액의 불량 채권을 끌어안은 홋카이도척식은행이 도산한다는 소문이 흘러나왔고, 1996년 국제신용평가사 무디스가 신용 등급을 '투자 부적격'으로 변경하자 불안감이 정점에 이른 예금자들의 예금 인출이 시작되었다.

사면초가에 빠진 홋카이도척식은행은 궁여지책으로 홋카이도 내의 라이벌 은행이었던 홋카이도은행과의 합병을 모색했고, 간신히 합병을 발표하기에 이른다. 그러나 한숨을 돌린 것도 잠시뿐이었다. 홋카이도척식은행이 추정한 불량 채권 금액에 대한 불안감과 홋카이도은행 내부의 반발 등 합병 실현을 위한 장애물을 넘지 못했고, 결국 5개월 후에 홋카이도은행이 합병 철회를 선언하고 말았다. 그리고 2개월 뒤인 11월, 이제 방법이 없어진 홋카이도척식은행은 호쿠요은행에 영업을 양도한다고 발표했다.

불안 심리가 허술한 심사와
무기력한 조직을 만들다

홋카이도척식은행은 왜 경영 파탄에 이르렀을까? '버블의 영향'이라는 말로 끝내 버리면 아무것도 배울 수 없다. 좀 더 구체적으로 생각해 봄으로써 이 사례가 후세에 남기는 메시지를 찾아 보자.

한 가지 힌트는 버블이 한창이던 시기에 설치된 '종합 개발부'라는 조직에 있다. 이곳은 본래 별개의 조직이 맡고 있던 '영업 기능'과 '심사 기능'을 일체화한 조직이다.

안 그래도 당시는 어떻게든 대출처를 찾아내는 것이 과제였던 까닭에 심사가 허술해지기 쉬웠는데, 하물며 영업 기능과 심사 기능이 같은 조직 내에 있다면 결과는 불을 보듯 뻔했다. 심사 담당으로서는 옆 자리에 앉아 있는 영업 사원들이 필사적으로 따 온 안건을 퇴짜 놓기가 어렵기 때문이다.

부정적인 의견을 내놓으면 영업 담당에게서 "그런 걸 일일이 다 따져서 골라 받으면 대형 도시은행을 어떻게 이길 수가 있겠어? 우리는 리스크를 짊어질 수밖에 없다고!"라는 질책이 날아왔을 것이다. '한시라도 빨리 융자 안건을 따 와야 한다'는 초조함이 심사라는 중요한 기능을 사실상 무력화하는 조직 체제를 만들어 버린 것이다.

참고로 당시 종합 개발부에는 영업 담당이 여덟 명이었던 데 비해 심사 담당은 고작 두 명이었다는 기록도 있다. 일체화된 조직 속에서 그 규모가 더욱 쪼그라든 심사 시스템이 정상적으로 기능할 수 있을 리 없다. 영업 속도는 빨라졌겠지만 융자처에 대한 올바른 판단에서는 멀어지는 결과가 되었던 것이다.

우리에게 주는
메시지

홋카이도척식은행의 도산에서 우리가 배워야 할 점은 '초조함'과 '리스크 관리'의 관계다. 당시 홋카이도척식은행이 느낀 초조함은 현재의 우리가 상상하기도 힘들 만큼 컸을 것이다. 홋카이도 최대 은행이라는 자부심, 지역 은행과의 경쟁, 홋카이도 내 다른 은행과의 경쟁, 정부의 압력…. 이런 것들이 뒤섞인 결과 융자 속도를 높이는 쪽으로 단숨에 기울어졌으리라는 것은 상상하기 어렵지 않다.

그러나 이 사례는 그런 상황일수록 더더욱 부정적인 말을 해 줄 사람을 확보해야 한다는 점을 가르쳐 준다. 초조함에 제동을 걸어 줄 사람이 있는가? 그런 사람에게 제대로 고마움을 표시하고 있는가? 리스크 관리 체제가 지극히 느슨하고 모호한 상태에서 초조함에 몸을 맡기고 폭주하는 경우는 의외로 많다.

만약 마음에 짚이는 점이 있다면 우리는 결코 버블기의 기업들이 저지른 실수를 비웃을 수 없다. 버블기의 사례를 '초조함에서 비롯된 조직 체제의 실패'라는 측면에서 바라본다면 이는 아직 진행 중인 현상이라고 할 수 있다.

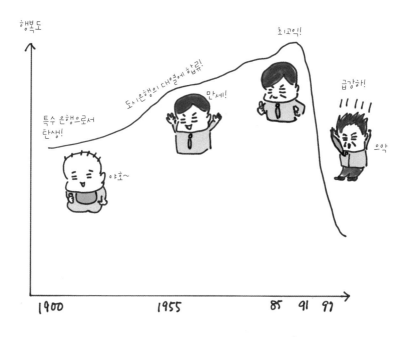

{ 홋카이도척식은행의 도산에서 배우는 세 가지 포인트 }

01 리스크가 큰 일에 도전할 경우, 심사의 독립성을 제대로 확보하는 것부터 시작하자.

02 심사 기능의 중요성을 인정하고 있는가?

03 자신들이 무엇에 초조함을 느끼고 있는지, 그 초조함을 구체적으로 언어화해 보자.

기업명	홋카이도척식은행
창업 연도	1900년
도산 연도	1997년
도산 형태	재생 특별법 적용
업종·주요 업무	금융업, 보험업, 은행업
부채 총액	2조 3,433억 엔
도산 당시의 업무 순이익	550억 엔(1997년 3월기)
도산 당시의 사원 수	2,950명(1997년)
본사 소재지	일본 홋카이도 삿포로시 주오구

17

재무 관리 시스템을
간과하다가 망했다

| 매니지먼트상의 문제 편 | 초조함에서 비롯된 일탈형

다시 초고의 자리로
복귀하는 거야!

{ 지요다생명보험 }

건실한 운영과 꾸준한 영업으로
생명보험사의 강자가 되다

지요다생명보험은 1904년에 설립된 역사 깊은 생명보험 회사다. 설립자인 가도노 이쿠노신은 장학생으로 게이오기주쿠 대학교에 입학한 뒤 불과 15세에 영어 교사로서 학생을 가르친 수재였다. 학교 설립자인 후쿠자와 유키치에게서도 깊은 신뢰를 받았으며, 그 후 수석 교원을 거쳐 27세의 젊은 나이에 교감으로 취임했다.

그러나 1902년에 학교를 그만두고 후쿠자와가 제창한 생명보험 이론(저서 《서양여안내》에 기록한 유럽의 근대 보험 제도를 바탕으로 한 이론)을 실천하기 위해 1904년 48세의 나이로 지요다생명보험상호회사를 설립했다.

1904년은 러일전쟁이 일어난 해다. 수많은 전사자가 발생했는데, 생명보험 회사들은 그 유족들에게 착실하게 보험료를 지급했다. 그리고 이것이 계기가 되어 일본 내에 생명보험의 효용성에 대한 인식이 생겨났다. 또한 개인에게서 모은 막대한 보험료가 제철업 등 부국강병으로 이어지는 산업에 융자된다는 점에서도 생명보험은 없어서는 안 될 존재였다.

시대의 순풍 속에서 가도노는 직접 전국을 돌아다니며 생명보험을 보급하는 데 힘썼다. 전국에 흩어져 있는 게이오기주쿠 졸업생들을 찾아가 대리점 인수를 의뢰했고, 이 꾸준한 활동이 효과를 발휘해 불과 1년 만에 계약 건수가 1만 건을 넘어서며 선발 주자였던 다이이치생명을 추월했다. 다이쇼 시대(1912~1926)에서 쇼와 시대(1926~1989)로 접어들면서 국민들 사이에 생명보험이 빠르게 자리 잡자, 이미 폭넓은 네트워크를 구축해 놓았던 지요다생명은 제2차 세계대전 이전에 5대 보험 회사(메이지, 데이코쿠, 니혼, 다이이치, 지요다)의 대열에 합류했다. 5대 보험 회사에 계약이 집중되는 경향이 강해지면서 1930년에는 5대 보험 회사의 시장 점유율이 50퍼센트를 넘게 되었다.

제2차 세계대전이 끝난 뒤에도 지요다생명은 업계 최초로 '단체 정기 보험', '단체 연금 보험', '단체 신용 생명보험' 같은 상품을 발표하며 꾸준히 보험 강자의 한 축을 담당했다.
그러나 '재무의 지요다'라고 불릴 만큼 보수적이고 견실한 경영이 특징인 동시에, 견실함 외에는 이렇다 할 특징이 없었다. 결국 업계의 경쟁이 서서히 과열되는 가운데 자신만의 포지션을 구축하지 못해 서서히 중견 그룹으로 몰락했다. 1960년에 보험 계약 금액 기준으로 5.7퍼센트(업계 7위)

였던 시장 점유율이 1970년에 4.3퍼센트(업계 8위), 1980년에 3.0퍼센트 (업계 9위)로 하락하며 점점 업계 내에서 존재감을 잃어 갔다.

이렇게 몰락하고 있던 지요다생명은 1982년 기사회생을 꾀하며 간자키 야스타로를 사장으로 임명했다. 간자키는 회사 내에서 '영업의 대부'로 불리는 카리스마적 인물이었다. "내가 입사한 제2차 세계대전 직후에만 해도 지요다생명은 생명보험 업계에서 정상급 기업이었는데, 우리가 멍 하니 있는 사이에 점점 아래로 내려가 버렸다"라고 말하는 그에게 지요 다생명의 견실함은 '나쁜 유산'일 뿐이었다.
그는 지요다생명이 '강자의 위치'로 복귀하는 것을 필수 명제로 여겼다. 그리고 그의 취임 직후 버블 시대가 찾아왔다.

'영업의 대부'가 실시한 시책이
모조리 역효과를 불러오다

사장으로 취임한 간자키는 먼저 영업 확대 노선을 내달렸다. "양을 늘리는 것이 가장 중요하다"라는 구호 아래 영업 사원을 대량으로 채용해 영업 범위를 확대해 갔다. 물론 단순히 영업만 해서는 경쟁에서 이길 수 없기 때문에 고이율, 고배당의 저축성 상품을 개발해 상품의 매력을 높였다.

그러나 고이율, 고배당 상품을 파는 이상 그것을 웃도는 수익률을 확보할 수 있도록 자금을 운용해야 하는데, '재무의 지요다'라는 별명을 낳은 기존의 보수적인 정책이 걸림돌이 되었다. 이에 '다소 리스크가 있는 융자처를 빠르게 개척하지 않고서는 경쟁에서 승리할 수 없다'고 확신한 간자키는 심사의 의사 결정 시스템을 대담하게 수정했다.
그전까지 지요다생명은 견제 기능이 작동하도록 융자 실행 부문과 심사 부문을 분리해 놓고 있었는데, 간자키는 이 견제 기능을 없애 버렸다. 재무 경험이 없었던 부하 우에다 노리유키를 재무 부서의 담당 임원으로 등용하고 그에게 심사 업무를 겸임시킨 것이다.

결제 규정도 단기라면 임원 결제만으로 가능하게 만들고, 대형 융자 안건의 경우는 사전에 간자키와 우에다가 밀실에서 의사 결정을 다 마친 뒤 상무 회의에 올라갔다. 따라서 사실상 공개된 장소에서 융자의 적절성이 논의되지 않게 되었다.

'빠른 의사 결정 체제'를 실현한 간자키는 '재무의 지요다' 시절에는 융자 대상이 아니었던 기업에 대한 투자와 융자를 잇달아 실행했다. 그는 새로운 투자·융자처를 개척할 때 정계 인맥을 이용했다. 다케시타 노보루를 비롯해 오부치 게이조, 가메이 시즈카 등 정계의 중추적인 인물들과의 관계를 활용해 투자·융자처를 확대해 나간 것이다. 그 대표적인 예가 호텔 뉴재팬(1982년에 화재로 33명의 사상자를 낸 곳)의 오너이자 실업가였던 요코이 히데키의 관련 기업이다. 그 밖에도 보험업법으로 금지되어 있던 공갈 매수 의혹이 있는 JR 오사키역 재개발 사업, 대부업을 하는 가운데 회화(繪畫) 투기를 했던 아이치, '버블 계획의 대표'로 불렸던 레이싱 서킷 오토폴리스, 야마나시현의 골프장 개발과 관련해 경영진이 야마구치 계열 폭력단 간부와 함께 체포되었던 아이지시 등 리스크가 높은 '수상쩍은' 사업에 융자를 진행했다.

이처럼 고이율, 고배당 상품을 통한 적극적인 영업 공세와 '하이 리스크

하이 리턴'의 투자·융자처 개척이라는 양면 전략으로 지요다생명은 생명
보험 업계에서 순위를 높여 '8대 생명보험'의 대열에 들어가는 데 성공했
다. 그리고 앞으로 더욱 순위를 높이자고 생각하던 1990년, 버블 붕괴에
직면하고 말았다.

고객에게 고이율을 약속했던 상품에 대해 계속 수익금을 지급해야 하는
가운데 수익을 기대했던 주식은 하락세가 계속되었고, 융자처는 상환 불
능 상태에 빠져 운용 수익이 마이너스가 되었다.
1990년 버블 붕괴 이후 이런 상황이 가속화되기 시작하자 다른 대형 생
명보험 회사에 비해 기업 규모가 작은 지요다생명으로서는 내놓을 수 있
는 대책이 거의 없었다. 1994년부터는 경영 적자를 기록하기 시작했고,
이익을 짜내기 위해 회계 조작(관계 회사에 자사의 빌딩을 매각하고 뒤에
서 거액의 융자를 실시해 매각 이익을 특별 이익으로 계상하는 수법)에까
지 손을 댔다. 언젠가는 팔았던 부동산을 되사고 융자를 회수할 생각이었
겠지만, 결과적으로 땅값이 회복되지 않아서 회수 전망이 서지 않는 바람
에 손실을 더욱 악화시키고 말았다.

이 시기는 지요다생명뿐만 아니라 모든 생명보험 회사가 버블의 후유증
을 크게 앓고 있었다. 1997년에 닛산생명이 도산한 것을 시작으로 1999년
도호생명, 2000년 다이햐쿠생명과 다이쇼생명 등 체력이 약한 중견 생명
보험 회사들이 차례차례 도산했다.
이렇게 되자 생명보험 회사의 신용이 도마 위에 올랐고, 다음 차례가 될

가능성이 있는 지요다생명에 이목이 집중되었다.

이윽고 단독으로 살아남기가 불가능한 단계에 이르자 지요다생명에 남은 선택지는 외국 자본에 매각하거나 오래전부터 깊은 관계를 맺고 있었던 도카이은행을 통해 자본을 증강하는 것뿐이었다.

그러나 외국 자본들은 법적 처리가 끝난 다음 가격이 내려갔을 때 인수하면 된다고 판단하고 있었기 때문에 적극적으로 매각 교섭에 임하지 않았고, 도카이은행은 산와은행과 통합을 앞두고 있는 상황에서 지원 자금 규모가 파악되지 않았으므로 나서기가 어려웠다.

한편 지요다생명에 대한 불안감이 점점 커진 고객들의 해약 러시가 시작되었다. 결국 2000년 10월, 더는 방법이 없어진 지요다생명은 계약자의 손해를 최소화하기 위해 재생 특별법 절차를 신청하고 말았다.

시장을 보고 싶은 대로 보는
단일 순환 사고에 빠지다

지요다생명의 사례를 깊게 파고들면 '견제 시스템의 유명무실화'라는 문제가 눈에 들어온다. 견제 시스템을 유명무실화해 리스크가 높은 안건에 융자를 실시한 결정은 내리막길을 내려가기 전 브레이크를 망가트린 것과 같았다. 무모했다고밖에는 할 말이 없다.

그런데 간자키 사장은 왜 그런 무모한 시책을 실시했던 것일까? 그 이유는 조금 역설적이기는 하지만 '전혀 무모하지 않았기 때문'이다. 다시 말해 간자키 사장은 자신의 눈에만 보이는 '합리적인 스토리'를 완성해 놓았던 것이다.

과거 생명보험 업계의 강자였지만 지금은 중견 그룹이라는 위치, 게다가 상위와의 격차가 계속 벌어진다는 초조함과 굴욕감, 그리고 눈앞에는 리스크가 조금 높기는 하지만 그래서 경쟁자가 손을 대지 않는 공략하기 쉬운 대상이 있다. 여기에 '한번에 역전이 가능할지도 모른다'고 느끼도록 만드는 버블 시대 특유의 분위기가 결합한 결과, 다른 회사보다 조금이라도 먼저 의사 결정을 진행하고 싶다는 마음이 싹텄을 것이다.

이런 상황이 되면 보고 싶은 것만 보게 된다. 주가가 하락할지 모른다거나 빌려준 돈을 받지 못하게 될지도 모른다는 위험성은 눈에 들어오지 않으며, 긍정적인 정보만 크게 보여서 확신이 한층 강화된다.

하버드대학교의 크리스 아지리스 교수는 이런 상태를 '단일 순환 학습'이라 정의하고 그 위험성을 경고했다. 단일 순환이란 현재 자신의 생각에 전혀 의심을 품지 않고, 기존의 관점에서 계속 생각하는 것이다. 쓸데없는 생각을 하지 않아도 되므로 단기적으로는 굉장한 위력을 발휘하지만, 환경이 조금이라도 바뀌면 대참사를 부르게 된다. 그렇기 때문에 기존의 사고방식과 함께 외부의 새로운 시각을 받아들이고 양쪽의 균형을 맞춰 나가는 '이중 순환 학습'이 중요하다.

그런 의미에서 건전한 심사 기능을 상실한 지요다생명은 조직 차원에서 '단일 순환' 상태에 빠져 있었다고 할 수 있다. 지요다생명의 실패는 그 단계에서 이미 결정되어 있었는지도 모른다.

우리에게 주는
메시지

버블 시대의 결과를 알고 있는 우리는 그때의 의사 결정을 쉽게 비웃을 수 있다. 그러나 비웃고 있는 자신을 되돌아보기 바란다. 과연 중요한 의사 결정의 순간에 맹신에 빠져 비합리적인 선택을 한 적이 단 한 번도 없었을까? 결국 인간은 보고 싶은 것만 보면서 자신도 모르는 사이에 그 생각을 강화하는 습성이 있다.

따라서 우리는 '이중 순환 학습'을 의식하면서 살아야 한다. 자신의 의견을 가지면서도 한편으로는 객관적으로 바라보며 꾸준히 의심하고, 생각을 다시 업데이트하는 것이다. 이 사이클을 지속적으로 돌릴 때 비로소 무모함에서 빠져나올 수 있다. 오늘을 사는 우리가 버블 시대 기업의 의사 결정에서 배울 점은 그런 것이 아닐까?

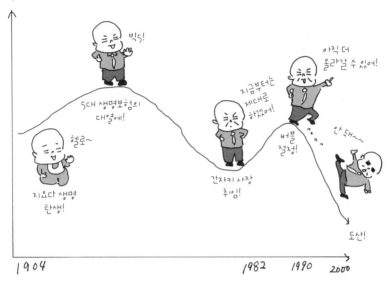

{ 지요다생명보험의 도산에서 배우는 세 가지 포인트 }

01 자신의 생각에 전제가 되는 것은 무엇인지 깊이 생각해 보자.

02 때로는 그 전제가 정말로 옳은지, 언제까지 옳을지 의심해 보자.

03 자신의 생각을 근간부터 뒤엎어 버리는 '보고 싶지 않은 사실'로부터 눈을 돌리지 않도록 유의하자.

기업명	지요다생명보험
창업 연도	1904년
도산 연도	2000년
도산 형태	재생 특별법 적용
업종·주요 업무	생명보험업
부채 총액	2조 9,366억 엔
도산 당시의 보유 계약액	33조 8,027억 엔
도산 당시의 사원 수	1만 3,013명
본사 소재지	일본 도쿄도 메구로구

18

리스크의 정체를
파악하지 못해 망했다

| 매니지먼트상의 문제 편 | 초조함에서 비롯된 일탈형

더 높은 곳을
노리는 거야!

리스크를 두려워하지 마~

{ 리먼브라더스 }

리먼 3형제가 시작한 일용품점이
세계적인 투자은행으로 발전하다

바이에른 왕국에서 미국 앨라배마주의 작은 시골 마을로 이민해 온 유대계 이민자 헨리 리먼은 1844년에 작은 일용잡화점을 시작했다. 이후에 동생인 이매뉴얼과 메이어가 합류해 리먼 3형제의 비즈니스가 되자 회사명을 '리먼브라더스'로 짓고 새로 출발했다. 리먼브라더스는 미국에서 면(綿)의 가격이 급등하자 고객의 대금을 면으로도 받기 시작했고, 이를 계기로 단순한 일용품점에서 목화를 중심으로 한 중개·거래 비즈니스로 전환하게 되었다.

1855년에 장남인 헨리가 황열병으로 세상을 떠나고, 뒤를 이은 동생 이매뉴얼은 1858년에 미국 상업의 중심지로 떠오르던 뉴욕으로 본사를 이전해 비즈니스를 더욱 확대하기로 결정한다. 그리고 1870년에 뉴욕목화거래소가 개설되자 이매뉴얼은 거래소의 이사를 맡는 동시에 커피와 설탕, 코코아, 석유 같은 일용품 거래로도 발을 넓힌다. 이 무렵 철도 건설 채권 시장에서 뛰어들어 금융을 통해 철도 건설의 확대에 공헌한다.

남북전쟁이 끝나자 미국 경제는 인프라 투자를 중심으로 빠르게 성장한 다. 변화의 한복판에서 이매뉴얼은 철도 사업처럼 미국의 근대화를 위해 안정적인 자금을 제공할 필요성이 더욱 높아지리라 생각하고 오늘날로 치면 '투자은행 업무'로 서서히 전환한다.

이민자가 경영하는 작은 일용잡화점으로 시작한 리먼브라더스는 19세기 말이 되자 미국 기업의 왕성한 투자 수요에 부응하듯이 우리가 아는 거대 한 투자은행으로 그 형태를 서서히 바꿔 나갔다.

투자은행으로서의 활동은 이매뉴얼의 아들인 필립을 통해 더욱 가속화되 었다. 골드만삭스의 제2대 경영자인 헨리 골드만의 친구였던 필립은 투 자은행 업무에서 골드만삭스와 18년이라는 긴 시간 동안 파트너십을 맺 고 60곳의 클라이언트를 상대로 100건 이상의 거래를 함께했다.

참고로 뒤에 나오는 미국 최대의 유통업체였던 '시어스로벅'의 줄리어스 로젠월드 사장이 이 시기에 500만 달러의 은행 차입을 리먼과 골드만 두 회사에 요청했는데, 이들은 주식을 이용한 자금 조달 가능성이 더 크다고 판단해 로젠월드 사장을 설득했다.

결과적으로 시어스는 주식을 통해 1,000만 달러를 조달하는 데 성공했으 며, 그 자금을 바탕으로 카탈로그 비즈니스라는 혁신을 미국 전역에 빠르게 확산시켰다. 이렇듯 기업 성장의 이면에서 활약한 덕분에 리먼브라더스는 투자은행으로서 지명도를 높여 갔다.

그 후 세계공황을 계기로 1933년 상업은행과 투자은행을 명확히 분리하는 글래스-스티걸법이 제정되자 리먼브라더스는 투자은행을 선택하고 투자은행 업계를 견인하는 존재가 되었다.

그러나 1980년대가 되자 리먼브라더스의 경영은 혼란을 맞이한다. 투자은행 업무를 담당하는 사원과 수익 확대에 공헌하고 있던 트레이더 사원 사이에 갈등이 생긴 것이다. 이 대립이 경영진의 대립으로 이어지면서, 리먼브라더스는 붕괴 위기에 직면한다. 그리고 1984년, 루이스 글럭스먼 사장은 리먼브라더스를 아메리칸익스프레스에 매각했다. 매각 금액은 3억 6,000만 달러였다.

우여곡절을 거쳐 1994년에 '리먼브라더스홀딩스'로서 재상장을 이루었지만, 미국의 투자은행으로서는 네 번째 규모로 상위 3사(골드만삭스, 모건스탠리, 메릴린치)를 따라잡기에는 격차가 너무 컸다. 그런 상황에서 리먼브라더스는 21세기를 맞이했다.

'하이 리스크 하이 리턴' 레버리지 도박에 실패하다

그렇다면 리먼브라더스는 상위 3사와의 격차를 어떻게 좁히려 했을까? 그들이 택한 것은 '레버리지(지렛대)'라는 접근법이었다. 과거 리먼브라더스를 비롯한 투자은행의 업무는 주로 고객을 대상으로 하는 것이었다. M&A에 대해 조언하거나 보험 회사 또는 대형 기관 투자자를 대신해서 주식이나 채권을 사고팔았다. 이러한 비즈니스 모델에서 은행이 얻는 수익은 '수수료'다. 수수료 비즈니스는 리스크가 높지 않은 대신 큰 이익을 내기 어렵다. 하물며 상위 3사를 이기기는 불가능했다.

그래서 리먼브라더스는 직접 주식이나 채권에 투자해 수익을 내는 '자기매매형' 거래로 중심축을 옮겼다. 그것도 자신들이 가진 자금만으로는 큰이익을 낼 수 없기 때문에 시장에서 조달한 자금을 지렛대로 이용해 큰이익을 얻는 방향으로 나아가기 시작했다.

다른 사람에게 빌린 자금으로 투자를 한다는 것 자체가 하이 리스크 하이 리턴이다. 도산 직전에는 자기 자금이 230억 달러인 데 비해 보유한 주식과 채권의 총액이 7,000억 달러에 이르렀다. 레버리지 비율이 무려 30배였던 것이다.

이런 상황이 가능한 배경에는 금리가 낮아서 돈을 쉽게 빌릴 수 있었던 요인도 자리하고 있었다. 그뿐만 아니라 직원의 급여에서 상여금의 비율을 높게 책정해 단기적으로 이익을 내는 데 성공하면 수입이 크게 증가하는 구조도 한몫했다.

그러면서 리먼브라더스는 브레이크가 망가진 기관차처럼 멈출 줄 모르고 리스크를 짊어지기 시작했다. 물론 수익을 내고 있을 때는 아무도 이를 문제시하지 않았지만, 일단 손실을 내기 시작하자 순식간에 문제가 드러났다. 2008년 3월, 레버리지가 무려 36배나 되었던 베어스턴스투자은행이 경영 위기에 빠져 JP모건에 인수가 결정되었다. 그리고 불과 반년 후인 2008년 9월, 리먼브라더스는 연방 파산법 제11장의 적용을 신청하고 도산했다.

자산 총액 약 7,000억 달러라는 시장 최대 규모의 파산이 세계 경정제에 끼친 영향은 어마어마했다. 이 파산이 초래한 금융 위기에는 불명예스럽게도 '리먼브라더스 사태'라는 명칭이 붙었다. 유대계 이민자로 앨라배마에서 일용품점을 시작했던 헨리 리먼은 설마 자신의 이름이 이렇게 세계사에 남으리라고는 생각지도 못했을 것이다.

리스크의 본질을 파악하지 못한
집단적인 사고 정지 상태가 되다

당시 리먼브라더스를 비롯한 투자은행이 지고 있던 리스크의 정체는 무엇이었을까? 그것은 그 정체를 아무도 이해하지 못했다는 지적이 있을 만큼 매우 복잡한 금융 상품이었다. 그다지 리스크가 높지 않다고 생각되었던 금융 상품이었지만, 한 꺼풀을 벗기면 신용도가 낮은 정크 상품의 집합체였던 것이다. 그 정크 상품 덩어리가 '증권화'라는 기법과 기능 저하에 빠져 있던 신용평가기관을 통해 외부에서 보기에는 그럴 듯하게 포장되어 있었다.

'그 방면의 전문가'들이 왜 리스크의 내용을 전혀 이해하지 못한 채 금융 상품에 손을 댄 것일까? 쉽게 말하면 다들 그것으로 돈을 벌고 있었기 때문이다. '사실은 잘 모르지만, 다들 그것으로 돈을 벌고 있는 이상 나도 하지 않으면 손해'라는 심리였던 것이다. 그렇다 해도 누군가는 그 위험성을 깨달았어야 하지 않느냐는 생각이 들겠지만, 이런 '집단적인 우행'을 저지르는 존재가 바로 인간이다.

사회심리학자인 어빙 재니스는 이처럼 집단적인 우행이 되어 버리는 상황을 '집단 사고'라고 명명했다. 혼자서 생각했다면 당연히 깨달았을 일도 집단 속에 있으면 '누군가가 생각하고 있겠지'라는 타인에 대한 과도한 의존이나 '다들 있으니까 설령 무슨 일이 일어나더라도 어떻게든 될거야'라는 과신이 생겨서 생각하기를 멈춰 버린다는 것이다.

리먼브라더스의 경우는 과도한 인센티브 설계를 통해 사고 정지 상태가 더욱 가속화되었다. 냉정하게 되돌아봤다면 이상한 것이 한두 가지가 아니었을 터다. 그러나 당사자의 한 명으로서 그 집단에 속해 있으면 순식간에 사고 정지 상태가 되어 버리는 구조가 있었던 것이다.

우리에게 주는
메시지

앞의 이야기는 리먼브라더스에만 국한된 것이 아니다.
당시 미국의 다른 금융기관도 크게 다르지 않았다. 어쩌
다 보니 시기상 리먼브라더스가 도산이라는 카드를 뽑
았을 뿐이다.

또한 이것은 당시의 금융기관에만 해당되는 이야기도
아니다. 이런 '집단적인 사고 정지 상태'는 우리 주변에
서도 빈번하게 발생한다. '다들 그렇게 하고 있으니까',
'업계에서는 이게 당연하니까', '지금까지 관습적으로
해 왔으니까'라는 것을 방패로 삼아 조금 이상한 상황을
그냥 넘어간 기억은 없는가? 사실은 그런 곳에 리스크
의 씨앗이 존재한다.

리먼브라더스 사태를 '어딘가 먼 곳에 살고 있는 사람이
폭주하는 바람에 일어난, 나하고는 상관없는 사건'으로
파악하는 것은 아까운 일이다. 인간이라는 동물은 집단
에 속하면 금방 어리석은 존재가 되어서 리스크를 리스
크라고 생각하지 않는다. 리먼브라더스 사태에는 이런
강렬한 메시지가 담겨 있다.

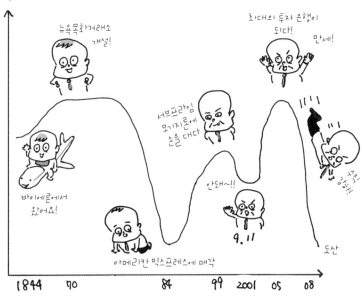

{ 리먼브라더스의 도산에서 배우는 세 가지 포인트 }

01 지금까지의 관습에 따라 맹목적으로 계속하고 있는 일은 없는지 생각해 보자.

02 자신이 짊어지고 있는 리스크는 무엇인지, 그 구조를 직접 조사해 보자.

03 집단에서 무엇인가를 생각할 때 '누군가 다른 사람이 생각해 주겠지'라며 타인에게 생각을 의존하고 있지는 않은지 돌아보자.

기업명	리먼브라더스
창업 연도	1844년
도산 연도	2008년
도산 형태	연방 파산법 제11장(재건형 도산 절차)
업종·주요 업무	금융업, 보험업, 금융 상품 거래업, 상품 선물 거래업
부채 총액	6,130억 달러
도산 당시의 매출액	590억 300만 달러(2007년도)
도산 당시의 사원 수	2만 8,556명(2007년 11월 30일)
본사 소재지	미국 뉴욕주 뉴욕시

19

새로운 일을 벌여 놓고
완성하지 못해 망했다

| 매니지먼트상의 문제 편 | 엉성한 매니지먼트형

대형 쇼핑몰을 만들자~!

문화 거리를 조성하는 거야~

{ 마이칼 }

3대 슈퍼마켓 체인에서
대형 쇼핑몰로 혁신하다

1963년, 네 개 회사의 합병으로 종합 슈퍼마켓 '니치이'가 탄생했다. 오사카 덴진바시스지 상점가의 '셀프하토야'와 센바야시 상점가의 '오카모토상점'이라는 의류품점을 중심으로 양복 제조·도매점인 '엘피스', 교토의 '야마토고바야시상점'이 합쳐진 일본 유통 업계 최초의 대형 합병이었다. '니치이'라는 회사명은 '일본 의류' 혹은 '일본은 하나'를 줄인 말이라고 알려져 있다. 셀프하토야의 사장이었던 니시바타 유키오가 니치이의 초대 사장이 되었고, 나머지 세 회사의 사장은 부사장이 되었다.

합병 당시 네 회사를 합쳐서 12점포에 연간 매출 27억 엔이었던 니치이는 그 후에도 합병을 거듭해, 1972년에는 전국 129점포에 연간 매출 1,000억 엔을 돌파하기에 이르렀다. 1974년에는 염원이었던 주식 상장(오사카증권거래소 제2부)을 달성했다.

당시는 종합 슈퍼마켓의 전성기였다. 1960년대에 일본의 고도성장에 발 맞추듯이 탄생한 종합 슈퍼마켓은 '본사에서 대량으로 상품을 매입한 다음 각 체인점에서 일률적인 상품을 대량으로 싸게 판매하는 체인스토어 이론'을 바탕으로 백화점을 대신해 소매업의 주역이 되었다.

1972년에는 슈퍼마켓 체인 다이에가 미쓰코시백화점을 제치고 소매업 분야에서 일본 최대 매출을 올렸다. 니치이의 성장에는 그런 배경이 있었던 것이다. 그런데 니치이의 전환기는 성장을 이끌던 니시바타 초대 사장이 타계한 시점에 찾아왔다.

1982년, 니시바타 사장의 뒤를 이어 '야마토고바야시상점'의 고바야시 도시미네가 취임했다. 그러나 당시 슈퍼마켓은 빙하기를 맞이하고 있었다. 대형 슈퍼마켓의 이익이 하나같이 감소했고, 니치이도 예외는 아니었다. 이에 고바야시 사장은 탈슈퍼마켓 노선을 내걸고 도시의 젊은 층을 타깃으로 삼은 패션 전문점 '비브레'와 교외의 뉴 패밀리층을 대상으로 한 생활 백화점 '사티'를 전국으로 확대하기 시작했다. 그리고 1988년에는 그룹의 명칭을 '마이칼그룹'으로 변경하고 '마이칼 선언'을 공표했다.

마이칼(MYCAL)은 'Young & Young Mind Casual Amenity Life'의 머리글자를 뒤섞은 것으로, '젊은 층과 젊은 마음을 가진 사람의 부담 없고 쾌적한 생활'이라는 뜻이다. 요컨대 젊은이부터 중년·노년까지 폭넓은 타깃의 생활 방식을 지원한다는 생각이 바탕에 깔려 있다. 단순히 물건을 싸게 파는 비즈니스와 결별하고 라이프스타일 만들기, 거리 조성을 사업 대상으로 삼아 생활 문화 산업 집단으로 탈바꿈한다는 도전 정신이 담긴 명칭이었다.

그 상징적인 첫걸음이 이듬해인 1989년에 미래 도시 '마이칼 타운' 구상을 바탕으로 출점한 마이칼 혼모쿠였다. 슈퍼마켓과는 차원이 전혀 다른 거대 상점 시설로 핵심 점포인 사티 이외에 영화관과 스포츠클럽, 자동차 판매소, 금융기관 등을 갖춘 '시간 소비형' 쇼핑몰이었다.

버블 붕괴 후에는 땅값 하락을 배경으로 마이칼 타운에 대한 적극적인 투자를 계속했다. 1995년 마이칼 구와나, 1997년 마이칼 아카시, 1998년 마이칼 다롄(중국), 그리고 1999년에는 마이칼 오타루 등에 연달아 투자했다. 마이칼 오타루에 투자한 금액은 600억 엔이 넘었다. 이렇게 해서 마이칼은 대형 쇼핑몰 사업으로 변신해 갔다.

품질을 추구한 대형 점포 출점이
소비자의 니즈에 역행하다

출점 초기에 마이칼 타운이 불러일으킨 열풍은 곧 사그라졌다. 출점 공
세와는 반대로 1990년대 후반의 마이칼 매장은 하나같이 활기가 없었다.
'점포는 넓지만 사고 싶은 것이 없는' 상황이었던 것이다.

1990년대 후반은 디플레이션의 시대였다. 유니클로와 100엔숍이 크게
약진한 시대와 겹친다. 소비자들은 싸고 좋은 물건을 원했다. 그러나 당
시에 마이칼이 추구했던 것은 '양보다 질'이었다. 소비자의 니즈와 다른
방향으로 나아가고 있었던 것이다. 게다가 '자급자족화'를 복합형 점포의
전제로 삼았다. 다시 말해 가급적이면 마이칼이나 그 관련 회사를 마이칼
타운에 입점시키려 한 것이다. 결과적으로 소비자가 보기에 마이칼 타운
은 품질 면에서도 어중간한 존재가 되어 버렸다.

저렴한 상품을 대량으로 판매한다는 양판점 모델에서 한계를 느끼고 질

을 높이는 방향으로 전환했지만, 시대의 흐름은 마이칼의 전략과 정반대로 흘러갔다. 1990년대 후반 마이칼 타운은 비용은 비용대로 들어가고 매출은 오르지 않아 엄청난 적자 문제를 겪고 있었다.

수면 아래서 떠돌던 마이칼 위기설은 1998년 가을 미국 회계 기준으로 670억 엔의 적자가 표면화된 뒤 빠른 속도로 퍼져 나갔다. 조직이 붕괴될 위기에 직면했는데도 마이칼은 고바야시 사장이 갑자기 세상을 떠난 1999년 12월에서야 구조 조정을 시작했다. 그전까지 독불장군 고바야시 사장의 방침에 누구도 이의를 제기할 수 없었던 것이다.
뒤를 이어 우쓰노미야 고타로가 사장이 되었지만, 주거래 은행이었던 다이이치간교은행과의 융자 교섭이 난항을 겪었다. 결국 주거래 은행에서 자금을 조달하는 것은 단념하고 외자계 금융기관에 의지해 점포의 증권화 같은 수법을 통해 자금을 확보하려 했지만, 신용 등급 하락과 주가 부진 같은 시장의 평가를 바꿀 수가 없어서 사태는 계속 악화되어 갔다.

최종적으로는 2001년 9월 민사 재생법, 11월 회사 갱생법을 신청하고 대형 유통 그룹 '이온'의 자금 제공 아래 기업 재건을 꾀하게 되었다. 부채 총액은 그룹 전체를 합산해 1조 9,000억 엔으로, 당시로서는 제2차 세계대전 이후 네 번째 규모였으며 소매 유통업에서는 최대 규모의 도산이었다. (처음부터 회사 갱생법을 선택하지 않고 민사 재생법을 신청한 배경에는 월마트에 인수될 것을 기대한 일부 간부진의 폭주가 있었다. 결국 계획이 좌절되어 회사 갱생법을 선택할 수밖에 없었다.)

| 무엇이 문제였는가? |

현장의 치밀함 없이 과거의
엉성한 판매 수법을 고수하다

마이칼이 도산한 직접적인 원인이 1980년대 후반부터 추진한 마이칼 타운인 것은 틀림없다. '거리 조성'이라는 콘셉트 아래 끌어안았던 막대한 부채가 10년이라는 시간을 거쳐 폭발한 것이다. 그러나 점포의 대형화는 경쟁자인 이온이나 이토요카도도 추진하고 있었다. 방침 자체는 다르지 않았다면 어디에 본질적인 차이가 있었을까?

그 차이는 '현장의 치밀함'에 있었다. 큰 틀인 '점포의 형태'는 물론이거니와 최전선인 점포 현장에서 소비자의 니즈를 파악하면서 물건을 팔기 위해 얼마나 시행착오를 거쳐 왔느냐 하는 것이다.

가령 이토요카도는 가설 검증을 반복하면서 상품 가짓수를 압축하고 판매량을 확보하는 데 집중했다. 이온은 디플레이션 니즈를 감안해 압도적인 저가격 판매에 몰두했고, 현장에서는 '다른 어느 곳보다 싸다'라는 브랜드 이미지를 형성하기 위해 노력해 왔다.

그러나 마이칼은 고도성장 시대에 형성된 '진열해 놓으면 팔린다'는 성공 체험을 바탕으로 한 엉성한 판매 수법에서 벗어나지 못했다. 마이칼 선언에서 볼 수 있는 거대한 콘셉트에만 집착할 뿐, 이와 동시에 필요한 현장의 치밀한 마케팅 시책에는 소홀했던 것이다.

결국 소비자로서는 점포의 크기보다 '언제나 뭔가 새로운 변화가 있는 매장'에 끌리기 마련이다. 마이칼이 정말로 해야 했던 일은 대형 점포라는 그릇을 계속 새로 만들어 내는 것이 아니라, 이미 만든 그릇 하나하나에 정성껏 혼을 담는 일이 아니었을까.

비즈니스에서는 큰 전략을 구상해야 하는 상황이 생긴
다. 그런 상황에서 요구되는 것은 새로운 전략을 생각하
는 능력, 다시 말해 '일을 크게 벌이는 힘'이다.

벌여 놓은 일을 끝까지 완성하는 것도 잊어서는 안 된
다. 실행의 층위까지 세부적인 내용을 그리고, 잘될 때
까지 피드백과 수정을 반복하는 것이다. 전략을 세울 때
는 일을 벌인 사람이 주목받는 경향이 있지만, 정말 중
요한 것은 그 일을 완성한 사람이다.

우리는 과연 벌인 일을 제대로 완성하고 있을까? 마이
칼의 사례는 실무 현장에서 장기적으로 치밀한 설계를
하는 것이 얼마나 중요한지 가르쳐 준다.

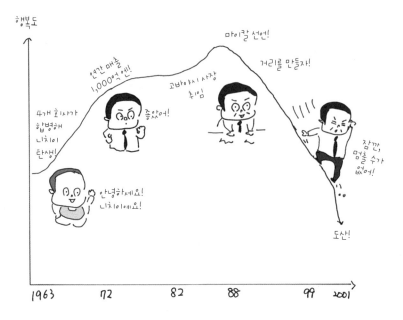

{ 마이칼의 도산에서 배우는 세 가지 포인트 }

01 커다란 계획을 세운 뒤에 세부적인 부분까지 행동을 구체적으로 구상하고 있는가?

02 고객의 반응을 토대로 기획 내용을 유연하게 업데이트하기를 게을리해서는 안 된다.

03 계획을 구상한 사람뿐만 아니라 그 구상을 구체화해 실행한 사람도 제대로 평가해 주자.

기업명	마이칼
창업 연도	1963년
도산 연도	2001년
도산 형태	민사 재생법 적용, 회사 갱생법 적용
업종·주요 업무	종합 소매업
부채 총액	1조 9,000억 엔(그룹 총액)
도산 당시의 매출액	1조 7,200억 엔
도산 당시의 사원 수	2만 178명
본사 소재지	일본 오사카부 오사카시

20

고객 서비스 실종과
규율 부재로 망했다

| 매니지먼트상의 문제 편 | 엉성한 매니지먼트형

서클 활동처럼
영어를 배우자!

{ 노바 }

영어 회화 비즈니스에 '서클 개념'을 도입해 경쟁자를 물리치다

노바(NOVA)는 1981년에 사하시 노조무가 설립한 영어 회화 학교다. 연구자가 되기 위해 파리에서 유학 생활을 하던 사하시는 일본에 일시 귀국했을 때 여행을 좋아하는 서양인 친구들과 시간을 보내게 되었다. 그러면서 '이런 외국인들과 접촉할 수 있는 서클을 여기저기에 만들고 싶다'고 생각했다. 서클 활동을 계속하기 위해 그들의 식비를 마련할 수단으로 영어 회화 학교라는 형식을 생각해 낸 것이 노바를 시작한 계기였다.

처음에는 유한회사 노바기획으로서 오사카의 신사이바시와 우메다에 교실을 열었다. 기업의 국제화 같은 순풍이 불면서 서서히 운영이 안정 궤도에 오르기 시작하자 1986년에 시부야 교실 개교로 도쿄 진출을 시도한다. 당시 도쿄에는 1962년에 설립된 ECC, 1973년에 설립된 지오스와 이

온 등 역사 깊은 학원들을 중심으로 영어 회화 교실이 들어서 있었는데, 노바의 우위성은 압도적으로 낮은 가격과 적은 부담감에 있었다.

정해진 요일과 시간에 수업을 받는 '학교형'과 달리 노바는 '서클 분위기로 즐겁게 영어를 배울 수 있다', '친구와 약속을 잡듯이 자유롭게 일정을 정할 수 있다'라는 새로운 콘셉트를 확립했다. 이 콘셉트가 시장에서 좋은 반응을 얻어 노바의 매출과 교실 수는 해마다 두 배씩 성장했다. 그 결과 1990년에는 주식회사가 되었고, 창립 10주년인 1991년에는 매출 120억 엔, 회원 수 6만 명을 기록하고 87개 지점을 두기에 이르렀다.

노바의 수강료가 저렴한 이유는 2~3년의 장기 계약을 전제로 수업료를 지불하는 방식에 있었다. 회원이 사전에 장기간의 수업료를 지불하면 지속적인 수강을 유도하기 위한 영업 비용이 절감되는 까닭에 가격을 낮출 수 있었던 것이다. 매달 수업료를 내는 방식으로 지속적인 수강을 유도하기 위해 영업에 힘을 쏟았던 기존의 영어 회화 교실과는 가격 시스템이 달랐다.

소비자로서는 위와 같은 시스템 이전에 눈에 보이는 수업당 단가가 더 중요하다. 가격이 두 배 이상 차이 나는 이유를 설명할 수 없던 경쟁사들은 어쩔 수 없이 가격을 인하하는 등 노바 대책에 골머리를 앓았다.

또한 노바는 장기 계약을 통해 획득한 선수금을 지점 확대와 텔레비전 광고에 적극적으로 사용했다. 1992년부터 텔레비전 광고를 시작한 노바는 독자적인 노선을 추구한 독특한 콘텐츠로 히트작을 잇달아 내놓아 '역 앞

유학'이라는 말과 함께 압도적인 인지도를 획득했다.

1995년에는 영어 회화 열풍이 사그라지는 가운데서도 수강생 수가 25만 명을 돌파해 강력한 경쟁자들을 제치고 업계 1위가 되었다.

이렇듯 업계에서 독주 체제를 구축한 노바는 1996년 업계 최초로 주식 공개(자스닥)를 달성했고, 1997년에는 인터넷 통신을 활용해 집에서 영어 회화를 학습할 수 있는 '거실 유학'이라는 새로운 시스템도 도입했다.

인터넷 시대에 대비한 새로운 포석을 마련하면서 노바의 지위는 앞으로도 굳건할 것처럼 보였다. 그러나 노바 붕괴의 신호는 이미 발소리를 죽이며 다가오고 있었다.

고객 서비스와 계약 문제가
기업 불신으로 이어지다

서서히 심상치 않은 분위기가 감돌기 시작한 것은 2005년부터였다. 이때부터 신규 회원의 수가 예상을 크게 밑돌면서 경영 적자를 내기 시작했던 것이다. 텔레비전 광고로 한 시대를 풍미한 '노바 토끼' 캐릭터가 화제가 되고 2005년 9월 기준 교실 수가 970개로 확대되었던 시기였다.

그러나 2003년부터 교실 수가 1.6배까지 증가했음에도 고객 수는 9퍼센트 정도밖에 늘지 않았다. 동일 상권에 지점이 난립하기 시작해 자사 내 경쟁이 일어났고, 직원 충원도 교실 수 증가 속도를 따라잡지 못했기 때문이다. 매니지먼트 능력을 초월한 성장이 문제가 되었던 것이다.

하지만 그 이면에는 좀 더 본질적인 문제가 숨어 있었다. 이 무렵부터 소비자들이 노바에 대해 '어떤 의문'을 품으면서 계약을 주저하는 사람이 속출했다. 그 의문은 '정말로 수업 예약을 잡을 수 있는가?'였다. 즉, 단가를 낮추기 위해 수업을 장기로 계약해도 실제로는 강사가 부족한 탓에 수업 예약을 잡을 수 없다는 목소리가 커지고 있었던 것이다.

여기에 서비스에 불만을 느낀 고객이 이용 가능한 수업을 남긴 상태에서 중도 해약을 하면 수업료를 결제했을 때와 다른 요금 체계로 정산되어 환급금이 줄어드는 바람에 분쟁이 발생하고 있었다. 실제로 이미 각지에서 수강료 반환을 둘러싸고 소송이 벌어지고 있었고, 이 문제로 소비자 상담을 담당하고 있는 국민생활센터에 상담을 요청하는 건수가 1년 동안 1,000건에 이르렀다. 이에 사태의 심각성을 인식한 정부는 2007년 2월 노바의 현장 검사를 실시했다.

이 일을 계기로 시중에 '노바 불신' 분위기가 표출되기 시작했다. 1년 내내 입학금을 면제하고 있으면서 '이벤트 기간 한정'이라는 광고로 회원을 모집한 일이나, 계약 취소가 가능한 시기임에도 기간이 지났다고 허위 설명을 한 사례 등 노바의 악질적인 수법이 언론에 매일같이 보도되었다. 같은 해 4월에는 최고 재판소가 노바의 계약은 '특정 상거래법의 취지에 어긋나기 때문에 무효'라는 판결을 내렸고, 6월에는 현장 검사 결과 노바가 특정 상거래법을 위반했다며 장기 코스의 신규 계약 등 일부 업무를 6개월간 정지하도록 명령했다.
이처럼 연일 언론의 부정적인 보도가 쏟아져 나오고 업무 정지 처분까지 받자 계약자들은 일제히 해약에 나서기 시작했다.

상황이 이러하자 사하시 사장도 이러한 흐름을 막을 방법은 없었다. 현금 흐름이 급격히 역회전함에 따라 자금이 순식간에 고갈되었고, 거듭되는 급여 연체로 강사와 직원들도 노바에서 이탈하기 시작했다. 방법이 없어진 노바는 2007년 10월 26일에 회사 갱생법을 신청하기에 이르렀다. 영광의 기간을 맞이한 지 불과 수년 만에 나락으로 떨어진 것이다.

규율 없는 선급금 비즈니스가
서비스 실종을 야기하다

노바가 실패한 이유는 '선급금 비즈니스'의 요체를 완전히 벗어난 데 있었다. 서비스 제공 전에 고객에게 돈을 받는 선급금 비즈니스는 서비스를 제공한 뒤에 돈을 받는 다른 비즈니스와 달리 현금 흐름 측면에서 상당히 편하다는 이점이 있다.

그러나 이런 비즈니스에는 '추락'이라는 커다란 함정이 숨어 있다. 요컨대 '일단 계약을 따내면 끝'이며, 그 후의 고객 만족도에는 신경을 쓰지 않게 되는 것이다.

게다가 메커니즘상 수강하지 않은 수업을 남긴 채 '잠수하는' 고객이 늘어날수록 적은 강사 수로 교실을 운영할 수 있기 때문에 노바의 이익률은 높아진다. 그런 점에서도 추락의 인력(引力)이 매우 강한 비즈니스라고 할 수 있다.

따라서 이런 선급금 비즈니스일수록 경영 사이클에 '규율 메커니즘'을 집어넣어야 한다. 구체적으로는 고객의 만족도를 경영 지표로 삼아서 점검하고 만족도가 낮은 강사나 교실이 있다면 이른 단계에 손을 쓰는 시스템을 도입하는 것이다.

그러나 안타깝게도 노바에는 '규율'이 없었다. 그보다는 '현금 수입'으로 이어지는 회원 수, 회원 증가로 이어지는 광고 제작이나 교실 확대를 우선시한 것으로 보인다. 그렇게 되면 현장은 현금으로 이어지는 '신규 고객의 획득'에만 관심을 쏟고, 이미 계약한 사람들의 요청이나 불만에 대한 조치는 자연스럽게 우선순위에서 밀리게 된다. 이런 '서비스의 실종'이 결과적으로 시한폭탄이 되어 시간차를 두고 노바를 직격한 것이다.

노바가 도산한 뒤 사하시 사장의 호화롭기 그지없는 사장실도 공개되었다. 마치 일류 호텔의 객실 같은 분위기의 사장실에는 숨겨진 방이 있었고, 그곳에는 사우나와 침대까지 갖춰져 있었다.

선급금 비즈니스에서 현금은 '고객에게서 일시적으로 맡아 놓은 돈'일 뿐이다. 눈앞에 있는 거액의 현금을 고객의 돈이 아닌 내 것으로 착각해 버리는 순간 '추락'이 시작된다. '규율'이라는 시스템을 도입하지 않고 초호화 사장실을 만들어 버린 시점에 노바의 운명은 이미 결정되어 있었는지도 모른다.

비즈니스에서 규율이 중요하다는 것은 굳이 말할 필요
도 없지만, 현금이 들어오는 시스템과 규율의 관계성을
의식하고 있는 사람은 의외로 적다. 어떤 비즈니스를 하
든 현금은 필요하다. 그 현금을 제공하는 상대는 은행이
거나 주주 또는 노바의 사례처럼 고객일 경우도 있다.
우리는 좋든 싫든 현금을 제공하는 상대를 의식하면서
비즈니스를 해야 한다. 노바의 사례는 자신들이 하고 있
는 비즈니스에 현금을 제공하는 상대는 누구인지, 그리
고 여기에 필요한 규율은 무엇인지 생각하는 자세가 필
요하다는 사실을 깨우쳐 준다.

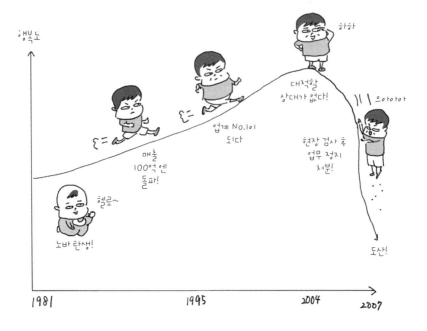

{ 노바의 도산에서 배우는 세 가지 포인트 }

01 자신들이 하고 있는 비즈니스에 자금을 제공하는 상대는 누구인지 실제로 조사해 보자.

02 고객의 불만에 신속하게 반응할 수 있는 규율이 조직 내에 갖춰져 있는지 확인해 보자.

03 고객에게 가치를 제공하는 것과 상관없는 호화로운 설비 등 추락의 신호가 사내에 있는지 살펴보자.

기업명	노바
창업 연도	1981년
도산 연도	2007년
도산 형태	회사 갱생법 적용
업종·주요 업무	서비스업
부채 총액	439억 엔
도산 당시의 매출액	698억 1,200만 엔(2006년)
도산 당시의 사원 수	약 200명
본사 소재지	일본 오사카부 오사카시

21

비상식적이고 독자적인
경영 관리로 망했다

| 매니지먼트상의 문제 편 |　엉성한 매니지먼트형

고부가가치
바이오 기업이
될 거야!

{ 하야시바라 }

지방의 작은 물엿 제조사가
초우량 바이오 기업으로 급성장하다

하야시바라는 1883년에 하야시바라 가쓰타로가 오카야마에 설립한 물엿 제조사였다. 그 후 제2대 경영자가 된 하야시바라 이치로는 뛰어난 경영 수완을 발휘해 제2차 세계대전 이후 하야시바라를 일본 최대의 물엿, 포도당 제조사로 만들었으며, 본업을 통해 벌어들인 거액의 이익을 오카야마역 앞의 토지를 비롯한 부동산에 투자해 서일본 유수의 부동산왕이 되었다. 그러나 명경영자로서 주목을 받던 그는 1961년에 52세라는 젊은 나이에 갑작스럽게 세상을 떠났다.

하야시바라 이치로가 갑작스럽게 세상을 떠난 후, 그 뒤를 이어받은 사람은 당시 19세의 대학생이었던 하야시바라 겐이다. 그가 회사를 이어받은 뒤 하야시바라는 본업인 물엿과 포도당의 가격 하락 압박이라는 거대한 역풍에 직면했다. 그래서 겐 사장은 1966년에 중대한 의사 결정을 내렸다. 물엿과 포도당 등 부가가치가 낮은 상품의 제조에 안주하지 않고 전분 화학 제조사라는 기초 연구 기반의 고부가가치 노선으로 방향을 전환한 것이다. 효소를 사용해 다당류인 전분의 분자 구조를 세분화할 수 있다면 여러 가지 당을 만들어 낼 수 있다고 생각한 겐 사장은 연구개발에 집중 투자했다.

그 결과 겐 사장은 1968년에 맥아당(말토스)을 고순도로 만들어 내는 데 성공한다. 그리고 이것이 의료기관 등에 높은 가격으로 팔리면서 실적이 단숨에 상승한다. '기초 연구 중시' 방법에서 가능성을 발견한 겐 사장은 경영 전반을 관리하는 동생 야스시 전무의 지원 아래 다시 거액의 자금을 연구개발에 투자하기 시작했다. 그리고 이 투자가 결실을 맺어 1980년대에 양산 기술을 확립한 '인터페론', 1990년대의 '트레할로오스', 2000년대부터 급속히 확대된 '풀루란' 등 히트작을 연달아 만들어 냈고, 이에 따라 회사는 바이오 기업으로서 급성장을 이루었다.

이 성장기에 하야시바라는 가족 기업의 모범으로 언론에 소개되었으며, 하향식의 연구 주제 결정과 연구에 대한 공격적인 예산 배분 등 월급쟁이 경영자는 흉내 낼 수 없는 경영 방식으로 주목을 받았다.
지방의 물엿 제조사에서 초우량 바이오 기업으로 거듭난 하야시바라였지만 밖으로 알려지지 않은 내부 리스크를 안고 있었다.

장기간의 부정 회계가 드러나
금융기관의 불신을 사다

2010년 당시 하야시바라의 매출액은 280억 엔이었다. 그에 비해 하야시바라를 포함한 그룹 핵심 기업의 합계 차입금은 1,300억 엔에 이르렀다. 비상장 기업으로 은행 차입 의존도가 클 수 있다고 해도 과도한 규모의 차입이었다.

물론 하야시바라도 근거는 있었다. 그것은 버블 시기에 가치가 1조 엔 가까이 치솟은 부동산의 존재다. 비록 버블 붕괴 후 땅값이 폭락하기는 했지만 1,000억~2,000억 엔의 가치는 있었던 것으로 보인다. 사업은 지극히 순조롭고, 믿을 만한 부동산도 있다는 것이 하야시바라의 논리였다.

그러나 2010년 말, 하야시바라가 오랜 기간에 걸쳐 부정 회계를 저질러

온 사실이 발각되면서 문제가 생겼다. 은행으로부터 돈을 빌리면서 증액을 승인받는 데 지장이 없도록 금융기관에 제출하는 결산서를 조작해 왔던 것이다. 기본적으로는 적자를 흑자로 바꾸기 위해 가공의 이익을 계상하고, 채무 초과를 은폐하기 위해 잉여금을 증액하는 결산 조작을 하고 있었다. 아마도 그룹의 핵심 4개 사는 1990년대부터 거액의 채무 초과 상태에 빠져 있었던 것으로 보인다.

부정 회계를 눈치챈 곳은 주거래 은행인 주고쿠은행과 스미토모신탁은행이었다. 이에 각각 450억 엔과 300억 엔의 융자액이 있던 주고쿠은행과 스미토모신탁은행은 빠르게 추가 담보 설정에 들어가려 했다. 그러나 하야시바라는 거액의 융자액에 걸맞은 담보를 준비할 수 없었다. 사업은 순조로우니 몇 년만 기다려 주면 수지를 맞출 수 있다는 하야시바라의 주장도 받아들여지지 않았다.

하야시바라에 대한 은행 측의 불신이 강했기 때문에 교섭은 난항을 겪었고, 결국 2011년 2월 회사 갱생법에 따른 공적 정리를 신청하기에 이르렀다. 부정 회계가 발각된 지 불과 2개월 만에 벌어진 도산 사건은 세상을 발칵 뒤집어 놓았다.

지나친 자신감이 비즈니스와
거리가 먼 관리 체계를 만들다

우량 기업으로 보였던 하야시바라는 왜 부정 회계를 저지르고 말았을까? 그 배경에는 '엉성한 경영 관리'와 '안일한 통치 시스템', 그리고 '독자적인 논리'가 자리하고 있었다. 먼저 하야시바라의 경영진에게는 회사가 위급할 때 팔 수 있는 부동산이 있다는 절대적인 자신감이 있었다. 이 자신감이 엉성한 경영 관리로 이어졌다.

연구개발에는 거액의 투자가 필요하다. 그리고 공개 기업이 아닌 하야시바라에게 은행 차입은 그야말로 생명 줄이었다. 따라서 본래는 은행 차입이 얼마나 가능한지, 언제 상환할 수 있는지를 치밀하게 계산해야 했다. 그러나 겐 사장은, 심지어 은행 측도 토지가 있으니까 걱정할 필요가 없다고 과신한 나머지 본업인 바이오 사업의 수지를 자세히 살피는 데 소홀했던 것이다. 그리고 도산 직전이 되어서야 비로소 부동산으로는 채무 초과 금액을 감당할 수 없다는 사실을 깨달았다.

물론 이런 상황을 방임해 온 안일한 통치 시스템이 있었음은 두말할 필요도 없다. 겐 사장은 회계에 일체 관여하지 않고 야스시 전무에게 전부 일임하고 있었다. 회계 감사인을 두지 않았고, 겐 사장 자신도 "월차 손익계산서는커녕 연간 손익계산서와 재무상태표도 보지 않았다. 어떻게 사장이 그럴 수 있느냐고 생각하는 사람도 있겠지만, 부끄럽게도 사실이다"라고 말했듯 '깜깜이 회계'가 되어 있었다.

이처럼 일반적인 상식으로는 있을 수 없는 충격적인 관리 체제가 어떻게 용인되었던 것일까? 여기에는 하야시바라의 독자적인 논리가 있었다. 이런 상황이 발각된 뒤에도 야스시 전무는 "1년 단위의 결산을 중시하기보다 10~20년 혹은 그 이상의 장기적인 관점에서 장부의 수지를 맞춰 나간다. 안 그러면 대기업과 대적할 수 없는 것은 물론이고 세계 무대에서 경쟁할 수 없다"라고 당당하게 이야기했다. 비즈니스의 일반적인 이론과는 거리가 있는 독자적인 논리다.
혼란기를 헤쳐 나가며 지방의 중소기업을 우량 기업으로 성장시켜 온 경영 수법에 대한 자신감과 하야시바라가 만든 제품이 수많은 기업에 끼친 영향에 대한 자부심 탓일까? 독자적인 경영 수법에 토대를 둔 우량 기업으로 여겨졌던 하야시바라는 사실 한 꺼풀 벗겨 보면 균형 감각을 잃은 위태로운 기업이었다.

하야시바라는 독창성과 부가가치가 매우 높은 제품을
만들어 세상에 내놓았다. 그 원동력이 된 겐 사장의 연
구개발력과 창조성은 천재적이며 찬사를 보내기에 아
깝지 않다.

그러나 안타깝게도 겐 사장은 지극히 우수한 연구자이
기는 했지만 '경영자의 그릇'은 아니었다. 본인도 "사장
은 되고 싶지 않다. 내가 좋아하는 연구를 계속하고 싶
었다"라고 말했는데, 이는 거짓 없는 본심일 것이다. 이
러니저러니 해도 사람에게는 역시 '적성'과 호불호가 있
다. 만약 균형 감각을 잃지 않고 경영을 바라볼 수 있는
'진정한 경영자 인재'가 하야시바라에 있었다면 겐 사장
도 우수한 연구자로서 유감없이 재능을 발휘할 수 있었
을지 모른다.

하야시바라의 사례는 우리에게 '적재적소'라는 교훈을
전해 준다. '적절한 인재를 적절한 장소에 배치하지 않
으면 본인도 기업도 불행해진다'는 당연한 사실을 되새
기게 해 주는 이야기다.

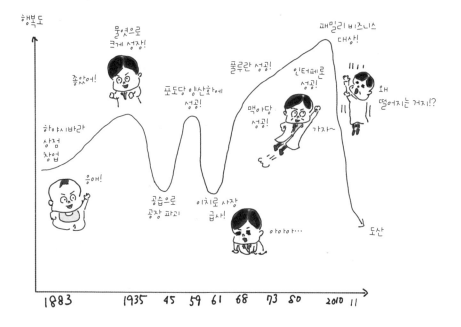

{ 하야시바라의 도산에서 배우는 세 가지 포인트 }

01 일하지 않고도 자금을 획득할 수 있는 수단이 있는 조직은 단기적으로는 편하지만 장기적으로는 부패하기 쉽다.

02 오랫동안 당연하게 생각되어 온 조직 내의 상식이 시대가 변한 지금의 세상에서도 통용되는 것인지 다시 한번 생각해 보자.

03 잘하는 일, 좋아하는 일에 중점을 두고 인재를 배치하고 있는지 확인해 보자.

기업명	하야시바라
창업 연도	1883년
도산 연도	2011년
도산 형태	회사 갱생법 적용
업종·주요 업무	식품 원료, 의료품 원료, 화장품 원료, 건강 식품 원료, 기능성 색소의 개발·제조·판매
부채 총액	2,328억 엔
도산 당시의 매출액	약 700억 엔
도산 당시의 사원 수	약 1,000명
본사 소재지	일본 오카야마현 오카야마시

22

공격 일변도의 경영이
역풍을 맞아 망했다

| 매니지먼트상의 문제 편 | 엉성한 매니지먼트형

가자!

공세를 멈추지 마~

승부다!

{ 스카이마크 }

규제 완화의 물결을 타고
과점 시장에 뛰어들다

스카이마크는 1996년에 HIS의 사와다 히데오가 자사의 담당 벤처 캐피털리스트였던 오카와라 준이치와 새로운 항공사를 만들자며 의기투합해 설립한 벤처 항공 기업이다. 일본의 항공 업계는 그때까지 35년 동안 대형 3사가 독점하고 있었는데, 하네다 공항의 새 활주로 완성과 규제 완화의 물결을 타고 새로운 항공사를 설립한 것이다.

1998년에는 면허를 교부받아 하네다-후쿠오카 구간에서 반값 운임을 실현함으로써 항공 업계의 새로운 경쟁 시대를 연 선구적 존재가 되었다. 선배인 미국의 저비용항공사(LCC)를 모방해 서비스의 간소화와 저렴한 가격으로 평균 탑승률 80퍼센트 이상을 달성함으로써 '저렴하지만 이익이 나는' 비즈니스 모델을 만들었다.

그러나 순풍은 오래 계속되지 않았다. 1998년 12월에 경영 방침에 대한 대립으로 공동 창업자인 오카와라 사장이 퇴임했고, 대형 항공사들이 하루에 고작 세 번 왕복하는 스카이마크의 비행 일정에 맞춰 전후 시간의 운임을 일제히 내리는 대항책을 내놓았다. 그 결과 스카이마크의 탑승률은 순식간에 50퍼센트 이하로 하락해 적자 상태에 빠졌다. 물론 2000년 5월에 마더스 상장을 달성했지만, 2000년부터는 채무 초과 상태가 지속되는 위태로운 상황에 놓였다. (마더스는 신흥 기업을 대상으로 하는 도쿄증권거래소의 주식시장을 말한다.-옮긴이)

그 후에도 아웃소싱을 했던 지상 업무를 자사에 내제화함으로써 비용 절감을 추진했지만, 2001년 미국에서 일어난 동시 다발 테러로 적자가 계속되면서 7기 연속 적자를 기록했다. 출자해 줄 곳도 찾지 못해 그야말로 위기일발의 상황이었던 바로 그때, 구세주가 나타났다. 인터넷 서비스를 제공하는 벤처 기업 제로의 니시쿠보 신이치 회장이었다.

당시 인터넷 버블의 순풍을 타고 IT 백만장자가 된 니시쿠보는 사와다 회장에게 증자 의뢰를 받고 개인 자금 35억 엔을 투자해 최대 주주가 된다. 그리고 2004년 1월에는 사와다 회장에게 사장으로 와 달라는 부탁을 받고 '딱 1년만'이라 약속하고 사장에 취임했다.

니시쿠보의 등장 덕분에 스카이마크는 마더스의 상장 폐지 기준인 '3년 연속 채무 초과'를 아슬아슬하게 벗어나는 데 성공한다. 구세주 등장으로 스카이마크의 제2막이 시작된 것이다.

그 후 니시쿠보는 2004년 10월에 스카이마크를 창업 이래 최초의 흑자

결산으로 이끌었고, 2004년 11월에는 자신이 창업한 제로를 스카이마크에 흡수 합병시킨다는 선택과 함께 '딱 1년만'이라는 약속도 취소했다. 스스로 퇴로를 끊고 스카이마크의 사업에 계속 관여하기로 결심한 것이다.

항공 업계에서 저가 노선으로 승리하기 위해서는 비용을 한계까지 낮추고 높은 수준의 탑승률을 유지하는 방법밖에 없다. 이 단순한 방정식을 충족하기 위해 니시쿠보는 먼저 연비 효율이 좋은 소형기 보잉 737을 일괄 도입하는 동시에 서비스를 극한까지 없애 비용을 절감했다. 또한 하네다를 거점으로 수요가 높은 후쿠오카시와 고베시, 삿포로시, 나하시를 연결하는 노선을 주력으로 삼고 저렴한 가격을 통해 높은 탑승률을 달성함으로써 고수익 체제를 실현했다.

그 결과 2012년에는 매출액 802억 엔, 영업 이익 152억 엔, 영업 이익률 19퍼센트라는 놀라운 실적을 달성했다. 이것은 항공사로서는 세계 3위의 높은 수익이었다. 다른 업종에서 참가한 기업인이 복잡하다고 생각되던 항공 업계에 지극히 단순한 해법을 제시하고 높은 수익성을 올림으로써 자신의 해법이 옳음을 증명한 것이다.

이 실적을 이용해 앞으로 과연 어떤 새로운 도전에 나설 것인가? 2012년의 스카이마크는 이런 기대와 주목을 한 몸에 받았다.

위기 극복을 위한 도전적인
포지션 구축이 악수로 작용하다

하지만 스카이라인이 절정을 구가하던 2012년에 이미 역풍은 서서히 불어오고 있었다. 그해는 일본에서 에어아시아재팬, 제트스타재팬, 피치항공 같은 LCC가 잇달아 시장에 참가한 이른바 'LCC 원년'이었다.

당시 한 좌석을 1킬로미터 운송하는 단위 비용은 스카이마크 8.4엔, 전일본공수(ANA) 12.9엔, 일본항공(JAL) 11.4엔인 데 비해 에어아시아는 착륙료가 저렴해서 3엔이 채 안 되는 압도적인 저비용 구조였다. 그때까지 저렴한 가격을 앞세워 왔던 스카이마크는 새로운 LCC 세력의 부상으로 기존의 강점이 약해지면서 대형 항공사와 LCC를 염두에 두고 포지션을 재구축해야 하는 상황이 되었다.

이런 혼란스러운 시기에 니시쿠보는 일생일대의 승부에 나섰다. 그것은 바로 오랜 염원이었던 장거리 국제선 진출이었다. 국제선 진출을 위해 스카이마크는 한 대에 300억 엔이 넘는 2층 구조의 초대형 여객기 에어버스 A380을 여섯 대나 조달했고, 런던과 뉴욕, 프랑크푸르트 등 서양의 주요 도시에 직항편을 취항한다는 과감한 의사 결정을 내렸다.

게다가 이코노미 클래스를 폐지하고 전 석을 비즈니스 클래스(혹은 프리미엄 이코노미)로 통일하는 대신에 경쟁사 비즈니스 클래스 운임의 반값에 제공한다는 대담한 전략도 내놓았다. A380은 고가이지만 좌석 수가 400석이나 되기 때문에 탑승률을 높게 유지할 수 있다면 단숨에 저비용을 실현할 수 있었다. 그럼 대형 항공사도 LCC도 모방할 수 없는 '저가 장거리 국제선'이라는 스카이마크만의 포지션을 구축할 수 있다는 것이 니시쿠보의 계획이었다.

또한 니시쿠보는 국제선뿐만 아니라 국내선에서도 과감한 승부에 나섰다. 삿포로와 오키나와 등 관광 노선에서 경쟁하고 있는 LCC와 차별화를 꾀하기 위해 호화로운 좌석이 특징인 에어버스의 중형기 A330 열 대를 도입한다는 결정도 함께 내린 것이다.

그러나 기업의 운명을 건 대담한 전략은 얼마 안 있어 악수로 작용하고 말았다. 급격한 엔화 약세와 연료비 급등이라는 직격탄을 맞았기 때문이다. 연료비 급등이 이익을 압박했고, 여기에 엔화 가치가 떨어지면서 달러로 지급하는 리스료와 새 항공기의 도입 비용이 급증했다.

이러한 환경 변화는 스카이마크의 자금 상황을 급격히 악화시켰다. 주식 시장을 통한 자금 조달에 의존하고 있던 스카이마크는 위기 상황에서 의

지할 수 있는 주거래 은행도 없었고, 시시각각으로 현금이 줄어드는 가운데 시간 싸움을 해야 하는 상황에 몰렸다. 2012년 300억 엔이 넘던 보유 자본은 LCC와의 경쟁 격화 등으로 2014년 3월 70억 엔까지 감소했다.

그리고 운명의 2014년 7월, 마침내 A380의 대금 지급 전망이 불투명하다고 판단한 에어버스로부터 A380의 계약 해지와 함께 위약금 7억 달러를 청구받았다. 물론 스카이마크에는 고액의 위약금을 지급할 능력이 없었고, 이 위약금 때문에 결산에서 감사 법인에게 "계속 기업의 전제(going concern)에 중대한 의문이 발생했다"라는 지적을 받은 뒤로는 증자도 불가능하고 융자도 받지 못하는 상태에 빠졌다.

그 뒤로 스카이마크는 벼랑에서 굴러떨어지듯이 추락했다. 자금 확보를 위해 항공사나 투자 펀드와 교섭을 계속했지만, 일본항공과의 공동 운항은 해당 관청에서 허락하지 않았고 마지막 희망이었던 전일본공수와의 협상도 최종 단계에서 결렬되었다. 결국 자금이 바닥을 드러낸 스카이마크는 2015년 1월에 민사 재생법을 신청했다.

단기적인 '공격'에 집중하고
장기적인 '수비'에 소홀하다

이미 실패했다는 사실을 염두에 두고 스카이마크의 이야기를 분석하면 '분수에 넘는 도전의 실패'라든가 '무모한 경영이 부른 실패'라고 말할 수 도 있을 것이다. 그러나 업계를 지배하고 있는 대형 항공사와 파죽지세로 치고 올라오는 경쟁사 사이에서 아직 불안정한 회사를 안정적으로 성장 시키기 위해 니시쿠보 사장이 내놓은 '저가 장거리 국제선'이라는 아이디 어는 결코 나쁘지 않았다. 그리고 이렇게 경영의 방향성을 바꾸는 '리포 지셔닝'은 난이도가 매우 높기 때문에 일시적으로라도 자신의 재량을 넘 는 무모한 도전을 하지 않으면 성공하지 못하기도 한다.

그렇다면 단순히 운이 나빴을 뿐일까? 꼭 그렇지만도 않다. 항공 업계라 는 곳은 사업을 성립시키기 위해 고정적으로 들어가는 비용과 사전에 들어가는 비용이 많은 가운데 사고나 테러, 코로나 바이러스와 같은 팬데 믹, 연료비 급등, 환율 변동 같은 돌발 변수가 매출에 커다란 영향을 끼치 기 때문에 도산의 가능성이 필연적으로 높다. 지금까지 수많은 항공사가 도산해 온 것도 어떤 측면에서는 이 업계의 필연적인 숙명이다.

따라서 '올바른 공격 전략' 이상으로 '올바른 수비 전략'이 중요하다. 즉, 이렇게 돌발 변수가 많은 업계이기 때문에 계획대로 일이 진행되지 않았 을 경우나 돌발 변수가 발생해 최악의 상황에 몰렸을 경우 어떻게 대응할 지 생각해 놓았느냐가 중요한 것이다.

리스크 관리의 관점에서 스카이마크의 대응을 살펴보면, 너무 '공격'의 측면만을 생각한 나머지 '수비'에 대한 준비가 부족했던 것으로 보인다. 중요한 타이밍에 엔화 약세나 연료비 급등이 발생한 것은 전적으로 불운 이었지만, 예상할 수 없는 외적 변수에 좌우되고 한 방에 케이오를 당할 수도 있는 것이 항공 업계의 숙명이다. 공격의 측면에서 평가를 높여 온 업계의 이단아라도 수비를 완벽하게 하지 못하는 이상 장기적인 성공을 이루기는 어려웠을 것이다. 이렇게 생각하면 이 업계에서 계속 살아남는 것이 얼마나 어려운 일인지 느끼게 된다.

스카이마크 사례에서는 '수비'의 중요성에 초점을 맞췄지만, '공수의 균형'은 업계에 따라 달라진다. 항공 업계는 비용 구조와 돌발 변수라는 업계 특유의 특징 때문에 수비의 비중이 높아질 수밖에 없다.

당신이 속한 업계는 공수 균형이 어떠한가? 이 질문을 통해 공수 균형을 자각하는 것이 중요하다. 스카이마크 사례처럼 공수 균형을 잘못 판단하면 큰 실패로 이어질 수 있다. 특히 공격 중시에 익숙했던 사람이 수비가 필요한 업계로 옮겼을 때 크게 실패하는 일이 종종 발생한다. 선행되는 고정비가 적거나 외부 환경에 근본적인 영향을 받지 않는 업계에는 기본적으로 실패를 장려하는 풍조, 실패에 대한 허용도가 높은 문화가 있다. 그러나 이것은 실패가 허용되는 업계이기에 가능한 일이다. 그것을 당연하게 생각하지 말고 의식적으로 공수 균형을 생각해 볼 필요가 있다.

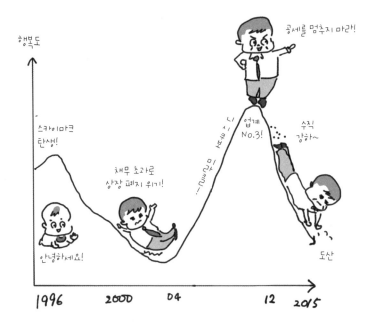

{ 스카이마크의 도산에서 배우는 세 가지 포인트 }

01 자신이 속한 업계는 공격(위험 감수)과 수비(위험 대비) 중 어느 쪽이 더 중요한지 생각해 보자.

02 수비가 중요한데도 공격에만 힘을 쏟으면 위기 시에 단번에 퇴장당할 수 있음을 명심하자.

03 공격을 잘하는 인재와 수비를 잘하는 인재는 기량이 다르다. 어떤 인재를 두텁게 갖춰야 할지 생각하자.

기업명	스카이마크
창업 연도	1996년
도산 연도	2015년
도산 형태	민사 재생법 적용
업종·주요 업무	항공운송업
부채 총액	710억 엔
도산 당시의 매출액	653억 엔
도산 당시의 사원 수	2,209명
본사 소재지	일본 도쿄도 오타구

23

최악의 노사관계와
매출 압박으로 망했다

| 매니지먼트상의 문제 편 | 기능 저하형

{ 콘티넨털항공 }

고객 중심 서비스로 10년간 매출을 열 배 이상 성장시키다

1926년 유나이티드항공의 전신인 바니항공을 설립한 월터 바니는 1934년 루이스 뮬러와 함께 바니스피드라인을 창설한다. 1936년 로버트 식스에게 매각된 바니스피드라인은 이듬해에 '콘티넨털항공'으로 이름이 바뀌었다.

식스는 뛰어난 경영 수완을 발휘해 콘티넨털항공을 비약적으로 발전시켰다. 1953년 파이오니아항공 인수를 시작으로 1950년대 10년 동안 연간 매출을 600만 달러에서 6,100만 달러로 열 배 이상 성장시킨 것이다.

콘티넨털항공의 발전은 단순히 파이오니아항공을 인수해서가 아니라, 식스가 철저한 품질 관리를 바탕으로 고객 중심 서비스를 제공한 결과였다. 식스는 이를 위한 구체적인 행동 방침을 '성공의 방정식'으로 정하고 사원들에게 철저히 주입했다.

이렇게 해서 콘티넨털항공은 창업 이후 40년 가까운 기간 동안 순조롭게 성장했는데, 안타깝지만 영광의 역사는 여기까지였다. 1970년대에 들어서자 콘티넨털항공의 운명은 크게 변화했다.

먼저 사우스웨스트항공이 텍사스 지역 내에서 더 저렴한 운임으로 서비스를 제공하기 시작했다. 여기에 1978년 지미 카터 정권이 항공 자유화 정책을 실시하면서 순식간에 경쟁이 치열해졌고, 그 결과 안정적으로 유지되던 콘티넨털항공의 경영은 급격히 혼란에 빠졌다. 식스는 1981년 급속한 실적 악화에 책임을 지고 앨빈 펠드먼에게 사장 자리를 넘겼다.

사장이 된 펠드먼이 제일 먼저 한 일은 회사가 인수되는 것을 막는 일이었다. 텍사스인터내셔널항공을 이끄는 프랭크 로렌조가 콘티넨털항공을 노리고 있었던 것이다. 콘티넨털항공과 로렌조의 악연은 이때부터 시작되었다.

로렌조는 1972년에 경영이 악화되고 있던 텍사스인터내셔널항공을 인수해서 철저한 임금 삭감과 구조 조정을 통해 큰 수익을 올린 인물이었다. 그는 규제 완화의 흐름에 올라타 내셔널항공과 TWA 등 경영이 부진한 항공사를 타깃으로 닥치는 대로 인수 교섭을 시도했다. 하지만 강제적인 비용 절감에 기반을 둔 경영 재건 방식으로 평판이 나빴기 때문에 인수 대상이 된 기업들은 그를 멀리하고 있었다.

그런 로렌조의 타깃이 되어 버린 콘티넨털항공은 노사가 힘을 합쳐 어떻게든 인수 공세를 벗어나 보려고 노력했지만 허무하게 실패로 끝났다. 게다가 취임한 지 1년도 채 되지 않았던 신임 사장 펠드먼은 그 과정에서 자살이라는 비극적인 최후를 맞이했다.

결국 1982년, 로렌조는 6,040만 달러에 이르는 적자를 내며 혼란 상태에 빠져 있던 콘티넨털항공을 상대로 적대적 인수를 성공시켰다. 콘티넨털항공의 새로운 비극이 시작되는 순간이었다.

극단으로 치달은 노사관계가
붕괴 직전의 사태를 만들다

콘티넨털항공을 인수한 로렌조는 이듬해인 1983년에 세상을 깜짝 놀라게 한 기발한 대책을 내놓는다. 콘티넨털항공이 보유한 현금·예금이 2,500만 달러나 있는데도 연방 파산법 제11장을 신청해 회사를 도산시킨 것이다. 모든 항공편은 운항이 중지되었고 1만 2,000명의 직원들은 모두 레이오프(일시 해고)가 되었다. 그런 다음 로렌조는 '만약 같은 일을 계속하고 싶다면 절반의 급여로 두 배 더 일할 것'을 조건으로 약 4,000명의 사원을 재고용했다.

로렌조의 노림수는 노동조합을 약화시켜 비용의 대부분을 차지하는 임금 조정권을 장악하는 데 있었다. 그리고 콘티넨털항공은 재고용된 사원들이 복귀함에 따라 도산 후 불과 3일 만에 운항을 재개했다. 폭력적인 도산 전략에 노동조합은 크게 반발했고, 새로 임명된 스티븐 울프 사장은 자리에서 물러났다.

그러나 로렌조는 아랑곳하지 않고 철저한 경영 합리화를 실행했고, 그해 콘티넨털항공은 과거 최고 이익인 5,000만 달러를 달성한다.

그 뒤에도 로렌조는 계속해서 항공사를 인수했다. 1987년에 콘티넨털항공은 프런티어항공과 피플익스프레스항공, 뉴욕항공을 인수함으로써 사원 수 3만 5,000명의 미국 3위 항공사가 되었다. 도산 후 순식간에 미국을 대표하는 항공사가 된 것이다. 이처럼 콘티넨털항공은 급격한 성장을 이루었지만, 사실 내부는 붕괴 일보 직전의 상태였다.

그 원인은 바닥까지 떨어져 버린 사원들의 애사심, 그리고 사원들과 로렌조의 관계였다. 로렌조는 노동조합과의 대립이 격화됨에 따라 신변의 위협을 느끼고 있었다. 집무실에 튼튼한 자물쇠와 방범 카메라를 설치했으며, 자사 항공기를 탈 때도 승무원이 가져온 음료수의 뚜껑이 열려 있으면 절대 입에 대지 않았다는 일화까지 남아 있다. 즉, 노사의 신뢰 관계가 극단적으로 훼손된 상태에서 회사를 운영했던 것이다.

서비스업인 항공사가 경영에 대한 불신이 큰 상황에서 제대로 운영될 리 없었다. 콘티넨털항공의 기존 사원들은 물론 새로 인수된 세 항공사의 사원들도 언제 해고당할지 모른다는 불안감에 떨었으며, 임금을 올려 주겠다던 약속도 지켜지지 않자 사원들의 의욕은 최악의 상태가 되었다.

그 결과 1987년에 2억 5,800만 달러의 손실을, 이듬해인 1988년에는 3억 1,600만 달러의 손실을 내고 만다. 그러자 이제 여기까지임을 눈치챈 로렌조는 수백만 달러의 퇴직 수당을 받고 콘티넨털항공을 떠났다.

로렌조가 떠난 뒤에도 실적 부진은 개선되지 않았고, 엎친 데 덮친 격으로 걸프전쟁에 따른 연료비 급등이라는 직격탄까지 얻어맞으면서 이제 자력으로 다시 일어설 수 없는 상황에 빠져 버렸다. 결국 1990년 12월 콘티넨털항공은 두 번째로 연방 파산법 제11장을 신청하고 말았다.

본래 복잡한 경영의 특성을 이익을 목적으로 단순화하다

두 번째 도산 이후, 콘티넨털항공은 놀랍게도 재기에 성공했다. 1994년에 사장 자리를 이어받은 고든 베순이 콘티넨털항공을 멋지게 재건함으로써 도산의 역사를 경영 재건의 모범적인 스토리로 바꿔 놓은 것이다.

1994년 2억 400만 달러의 적자 상태였던 콘티넨털항공은 베순이 취임한 후 1995년에 2억 2,400만 달러의 이익을 냈다. 게다가 1996년에는 5억 5,600만 달러의 이익을 내면서 전 세계 300개가 넘는 항공사 중에서 '올해의 항공사'로 선정되었다.

로렌조가 CEO로 취임한 이래 거의 이익을 내지 못했던 회사가 불과 몇 년 사이에 재건을 이루어 낸 것이다. 대체 무엇이 이런 커다란 차이를 만들어 냈을까?

베순은 회사를 재건하기 위해 네 가지 축으로 구성된 '전진 계획'을 세웠다. 첫째 수익이 나는 노선으로 압축한다는 '시장 계획', 둘째 리스 계약 조건의 재검토 등을 통해 현금을 만들어 내는 '재무 계획', 셋째 고객이 요구하는 수준의 서비스를 실현하는 '상품 계획', 넷째 완전히 잃어버린 사원과의 신뢰 관계를 회복하기 위한 '사원 계획'이었다. 베순은 '사람·물자·돈'을 망라한 이 네 가지 계획을 동시에 실행함으로써 콘티넨털항공을 재건으로 이끌었다.

베순의 시대가 로렌조 시대와 다른 점은 명확하다. 한마디로 말하면 로렌조는 경영을 지나치게 단순화했다. 그는 경영을 '돈'의 측면에서만 바라봤으며, 특히 콘티넨털항공에서는 '어떻게 비용을 절감할 것인가'에만 집중했다. 단기적으로 비용을 절감하면 이익을 창출할 수 있으며, 이에 따라 주주 가치를 높여서 새로운 인수로 연결할 수 있다는 그만의 성공 방정식이 있었기 때문이다.

그러나 경영은 그렇게 단순한 것이 아니다. 베순의 경영을 보면 알 수 있듯이, 경영은 다양한 요소가 복잡하게 얽히면서 성립되는 살아 있는 생물과도 같다. 로렌조는 자신의 과거 경험을 통해 '경영은 단순한 방정식'이라고 생각했겠지만, 바로 그 전제가 크게 잘못되었던 것이다.

콘티넨털항공의 이야기를 접하는 사람들은 아무래도 로렌조의 어리석은 방책과 그 배경에 있는 그의 오만함에 주목하기 쉽다. 그러나 이것을 우리 주변의 사례로 생각해 보면 자신도 때때로 작은 규모에서 '로렌조화'되어 있음을 깨닫게 된다.

'로렌조화'란 눈앞에 있는 과제를 지나치게 단순화해서 '이것만 하면 결과를 낼 수 있어'라는 맹목적인 자신감을 갖는 것이다. 특히 과거에 성공했던 경험이 있는 경우에는 본래 복잡한 문제임에도 자신의 경험을 바탕으로 문제를 단순화하기 쉽다. 로렌조도 과거에 다른 회사의 경영을 재건했던 경험에서 자신만의 단순한 방식을 충실히 실천했을 뿐이다.

경영의 모든 문제는 사람이 관여하는 이상 단순하지 않다. 물론 복잡한 문제를 단순화하는 것은 이해를 돕는 중요한 수법 중 하나다. 그러나 '그것이 전부가 아닐지도 모른다'는 건전한 의심은 잃지 말아야 할 것이다.

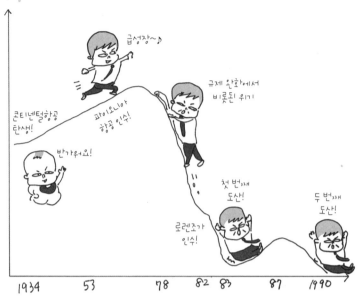

{ 콘티넨털항공의 도산에서 배우는 세 가지 포인트 }

01 본래 복잡한 비즈니스를 지나치게 단순화해서 생각하고 있지는 않는가?

02 경영은 복잡한 생물이다. '이것만 하면 결과를 낼 수 있다'는 생각은 때때로 오만함을 낳음을 인식하자.

03 성공의 방정식을 세우면서도 '그것이 전부가 아닐지도 모른다'는 건전한 의심을 잃지 말자.

기업명	콘티넨털항공
창업 연도	1934년
도산 연도	1983년, 1990년
도산 형태	연방 도산법 제11장(재건형 도산 절차)
업종·주요 업무	항공운송업
부채 총액	22억 달러(1990년)
도산 당시의 매출액	17억 3,000만 달러
도산 당시의 사원 수	약 1만 2,000명
본사 소재지	미국 텍사스주 휴스턴시

24

품질을 믿고 현장에 주의를
기울이지 않아 망했다

| 매니지먼트상의 문제 편 | 기능 저하형

다카타 쇼크라니요?
우리 제품의
품질은
완벽합니다!

{ 다카타 }

일본의 로프 직물 제조사에서
세계 2위의 에어백 제조사로 거듭나다

다카타는 1933년 다카다 다케조가 시가현 히코네시에 개업한 직물 제조 회사다. 처음에는 직물 기술을 활용해 선박에 사용되는 로프를 제조했는데, 제2차 세계대전 중에는 낙하산 로프를 만드는 데 기술을 활용하며 매출 다각화를 모색했다. 그리고 제2차 세계대전이 끝난 뒤, 다카타에 전환점이 찾아왔다. 1952년에 낙하산을 시찰하러 NACA(미국항공자문위원회)를 방문한 다케조는 귀중한 파일럿 인력이 교통사고로 세상을 떠나는일이 많아서 사망 사고를 막기 위해 자동차용 안전벨트를 개발하고 있다는 이야기를 들었다. 이때 시장의 잠재력과 자사 기술의 가능성을 느낀다케조는 귀국 후 즉시 안전벨트 개발을 시작했다. 새로운 기술 개발에 몰두하던 와중에 다케조는 혼다의 창업자인 혼다 소이치로에게 안전벨트의 중요성을 역설하고 표준 장비화를 제안했다.

혼다 소이치로는 안전벨트의 중요성을 즉시 이해하고 1963년에 다카타의 제안을 받아들여 일본 최초의 안전벨트를 표준 장비로 장착한 'S500'을 출시했다. 당시는 지금처럼 벨트가 자동으로 감기는 기능이 없는 2점식 안전벨트였지만, 1970년이 되자 다카타는 긴급 잠금 기능을 갖춘 ELR(emergency lock retractor) 방식으로 업데이트하며 안전벨트의 고도화를 이끌었다.

1974년, 다케조의 아들 주이치로가 사장이 된 뒤 다카타는 자동차 분야에 더 깊이 관여하기 시작했다. 바로 로프 기술을 활용한 안전벨트에 이어 '에어백'에 도전한 것이다.

미국에서는 1970년대 중반부터 에어백이 서서히 실용화되고 있었는데, 다카타도 1970년대 후반부터 에어백 개발을 진행해 1985년에는 메르세데스 벤츠에 프런트 에어백을 공급하기에 이른다.

그리고 1980년대 후반, 깊은 관계를 유지하고 있던 혼다로부터 에어백의 양산형 공동 개발을 의뢰받는다. 주이치로 사장은 양산이 리스크가 크다고 판단해 일단 사양했지만, 혼다의 기술자가 간청하자 결국 양산화에 발을 들이게 되었다. 그 결과 혼다는 1987년에 일본 최초로 에어백을 탑재한 '레전드'를 세상에 내놓는다.

결과적으로는 에어백 개발과 양산화 결정이 다카타의 성장을 뒷받침하게 된다. 2000년 전후부터 에어백이 보급되기 시작해 선진국에서 운전석과 조수석의 에어백이 표준 장비가 되자 시장 규모가 확대되었고, 다카타의 획기적인 상품력이 상승효과를 내면서 그 존재감은 더욱 커졌다.

또한 다카타는 성장 과정에서 해외의 에어백 제조사를 인수한 덕분에 혼다 등 일본 기업뿐만 아니라 포드와 폭스바겐, GM, 르노 등 해외의 자동차 제조사도 주요 거래처로 삼을 수 있었고, 그 결과 20퍼센트의 점유율을 가진 세계 2위의 에어백 제조사가 되었다. 이렇게 전성기를 구가하던 2007년에 창업자인 다케조의 손자뻘인 시게히사는 제3대 사장으로 취임했다.

장밋빛 전망은 이뿐만이 아니었다. 측면 충돌의 충격을 경감하는 '커튼 에어백'과 하반신의 충격을 줄여 주는 '무릎 에어백' 같은 제품의 실용화도 진행되면서 자동차 한 대에 탑재하는 에어백의 수가 늘어날 것이라는 전망도 있었다.

다카타의 2014년 3월기 매출액은 2006년 상장 이래 최고 실적인 5,569억 엔을 달성했고, 에어백 시장이 더욱 확대될 것으로 전망되는 가운데 다카타의 성장에 대한 기대는 더욱 확실해졌다. 그런데 2014년 6월, 다카타의 운명을 바꿔 놓는 대규모 리콜 사태 '다카타 쇼크'가 발생한다.

획기적인 결정이 시한폭탄이 되어
'다카타 쇼크'를 부르다

다카타 쇼크는 2000년에서 2002년 사이에 미국과 멕시코 공장에서 제조된 에어백 문제가 발단이었다. 두 공장에서 제조된 에어백은 에어백을 부풀리는 가스 발생 장치인 인플레이터가 불량으로 에어백이 작동될 때 용기가 파열되며 금속 파편이 흩날릴 우려가 있었다.

문제의 배경에는 다카타의 중대한 의사 결정이 있었다. 자동차 충돌 시 에어백 가스 발생제로 질산암모늄 화합물을 선택한 것이다. 이 선택은 경쟁사가 "존경심조차 느꼈다"라고 말할 만큼 획기적인 결정이었다.

질산암모늄은 저렴하고 에어백을 작게 만들 수 있다는 커다란 이점을 지닌 반면에, 온도에 따라 부피가 달라지고 습기를 빨아들이기 쉬워서 안정성이 부족하다는 아주 골치 아픈 특성을 지닌 화합물이다. 그런데 다카타는 극소량의 수분조차 들어가지 못하는 밀폐된 용기를 설계하고 제조 공정에서 습도를 철저히 관리함으로써 결점을 억제하는 데 성공했던 것이다.

한편 경쟁 기업은 질산암모늄의 결점을 억제할 수 없었기 때문에 어쩔 수 없이 부피가 크고 비용이 높은 질산구아니딘 화합물을 사용했다. 그 결과 다카타의 에어백은 경쟁사보다 우위를 점할 수 있었고, 매출액은 10년 사이에 다섯 배 가까이 증가했다.

그러나 얄궂게도 이 혁신적인 상품이 훗날 거대 리콜로 이어져 다카타를 멸망으로 이끌게 된다. 결과적으로 다카타는 질산암모늄의 과제를 완전하게 통제하지 못했던 것이다. 그리고 이때 시중에 대량으로 퍼진 '시한폭탄'은 수년 후 표면 위로 드러나기 시작했다.

다카타가 질산암모늄 문제를 처음 파악한 때는 2005년 5월이었다. 그때 다카타는 처음 혼다로부터 "2004년에 발생한 사고에서 금속 파편이 흩날린 사례가 확인되었다"라는 사실을 공유받았다.

혼다는 인플레이터 검증 설비를 갖추고 있지 않았기 때문에 다카타에 조사를 맡길 수밖에 없었는데 다카타는 해당 보고에 대한 조사와 원인 규명을 소홀히 했다. 결국 다카타가 생산에 문제가 있었음을 보고하고 혼다가 최초의 리콜에 나선 것은 사고로부터 4년이 경과한 2008년이었다.

그리고 늦은 초동 대처가 사태를 더욱 악화시켰다. 2009년 미국에서 리콜 대상 외의 에어백이 원인이 된 사망 사고가 발생한 것이다.

하지만 이런 일들이 다카타 쇼크가 되어 경영을 뒤흔든 것은 그로부터 어느 정도 시간이 지난 2014년 6월이었다. 이때 다카타의 공장에서 제품 점검 장치가 정상적으로 작동하지 않은 사례가 밝혀져 일본에서만 토요타와 혼다 등 네 개 자동차 제조사 합계 140만 대를 리콜한 것이다.

그리고 2014년 가을에 미국 플로리다주에서 일어난 참혹한 사고 영상이 언론에 소개되면서 미국 여론이 일제히 다카타를 공격하기 시작했다. 다카타는 미국 하원의 공청회에도 소환되었고, 미국도로교통안전국(NHTSA)은 다카타에 "미국 전체를 대상으로 리콜을 진행해야 한다"라고 책임을 물었다. 이에 다카타는 "불량에 대한 과학적인 근거가 없다"는 이유로 책임을 회피하며 지역 한정으로 리콜을 실시하겠다고 고집을 부렸다. 미국 전체를 대상으로 리콜을 실시하면 천문학적인 부채를 끌어안게 되기 때문이었다.

그러나 이 상황에서 다카타가 보여 준 고집스럽고 소극적인 자세는 더 큰 비난을 불렀고, 결국 다카타는 이 문제를 수습하기 위해 2015년에 미국 전체를 대상으로 리콜을 실시하기로 했다.

최종적으로 다카타 에어백의 리콜 대상 제품은 전 세계에서 약 1억 개에 이르렀고, 비용 총액은 약 1조 3,000억 엔이나 되었다. 물론 다카타는 이런 비용을 감당할 수 있는 체력이 없었고, 그 비용을 지원해 줄 스폰서를 구하기 위해 교섭을 벌였지만 후보들은 엄청난 리스크에 난색을 표했다. 결국 다카타는 리콜 비용을 포함해 1조 엔이 넘는 부채를 끌어안은 채 2017년 6월 민사 재생법을 신청했다. 제조업으로서는 제2차 세계대전 이후 최대 규모의 도산이었다.

민사 재생법의 적용을 신청했을 때 열린 기자회견에서 다카타의 시게히사 회장 겸 사장은 끝까지 자신들의 책임을 인정하지 않는 듯 보였다. 그는 기자회견에서 이렇게 말했다.

"왜 비정상적인 파열이 일어났는지 도저히 이해할 수가 없다. 지금도 열심히 생각하고 있다."

경영진과 현장의 거리감이 중요한 정보를 차단하다

다카타의 사례는 기업의 통치 시스템에서 '거리감'이라는 과제를 부각시킨다. 거리감의 한 가지 측면은 '설계와 생산 사이의 거리' 문제다. 구체적으로는 일본의 설계 부서와 생산을 담당하는 미국이나 멕시코의 해외 자회사 사이의 거리감을 메우지 못했던 것이다. 인플레이터에 질산암모늄을 도입한다는 대담한 의사 결정과 이를 위한 면밀한 개발은 일본에서 실시했지만, 미국이나 멕시코의 공장에서는 그 수준의 치밀한 관리가 되고 있지 않았던 것이다.

즉, 실제 생산 현장에서는 생산 관리나 인재 육성이 따라오지 못해 결과적으로 불량률도 높고 폭발 사고까지 일어나는 상황이었다. 훗날 거래처에서는 "일본의 다카타 본사는 미국 자회사가 무엇을 하고 있는지 전혀 모른다는 인상을 받았다"라는 증언이 나왔다. 시게히사 사장은 마지막까지 "제품의 품질에는 자신이 있다"라고 강변했지만, 실제로는 품질을 담보하는 현장에 전혀 주의를 기울이지 않았다. 결국 품질에 대해 '과신'했다고밖에 할 수 없는 상태였던 것이다.

또 다른 측면은 '경영진과 사원 사이의 거리감' 문제다. 다카타는 주식의 약 60퍼센트를 다카다와 친족들이 보유하고 있는 이른바 오너 기업이다. 이런 상황에서는 최종적으로 오너 측의 한마디에 의해 모든 것이 결정된다. 일련의 문제가 표면화되었던 2016년 6월의 주주총회에서도 시게히사 등 이사진의 재임안은 어려움 없이 승인되었다.

그중에서도 시게히사 사장의 존재는 절대적이어서 임원이라도 반론이 허용되지 않는 분위기였다고 한다. 실제로 과거에도 고객에게 받은 클레임에 대해 담당자가 강경한 태도를 보이지 않았다는 이유로 즉시 교체했다는 이야기가 남아 있다. 이런 상황에서는 현장에서 어떤 문제점을 발견하고도 은폐해 버린다 한들 전혀 이상하지 않다. 시게히사 사장에게는 정말로 중요한 정보가 끝까지 전달되지 않았던 것이 아닐까?

에어백 시장은 최고의 기술력이 요구되는 한편 사람의 생사와 연결되는 리스크를 안고 있는 비즈니스다. 그런 중대한 비즈니스에서는 무엇보다 현장과 경영진 사이에 정확한 정보가 빠르게 교환되는 것이 중요하다. 그러나 다카타는 그 측면에서 '기능 저하'의 상태였다. 기능 저하의 상태에서 대담한 의사 결정을 해 버린 것이 대참사의 원인이었다.

다카타의 사례는 리더가 되어 중대한 의사 결정을 할 때
점검해야 할 포인트를 가르쳐 준다. 어떤 과감한 승부에
나서려고 할 때 우리의 시점은 외부로, 미래로 향한다.
물론 이것은 매우 중요하다. 그러나 조직 내부와도 충분
한 의사소통을 하고 있는가 역시 중요하다.

대부분의 경우는 '윗사람을 화나게 해서 좋을 게 없어'
라고 생각하거나 '조금이라도 잘 보이자'라는 심리가 발
동한다. 외부로, 미래로 시점을 향하고 있는 리더는 자
칫하면 이런 심리를 꿰뚫어 보지 못한 채 '현장은 걱정
할 필요 없군'이라고 과신하게 된다.

따라서 중요한 커다란 의사 결정을 하기 전일수록 신중
하게 현장을 살펴봐야 한다. 일단 의사 결정을 해서 전
진해 버리면 리더는 다시 돌아갈 수 없으며, 현장은 더
더욱 올바른 정보를 공개하지 않게 된다.

중요한 의사 결정을 하기 전에는 조급한 마음을 억누르
자. 그리고 잠시 멈춰 서서 여유를 갖고 조직 구성원들
이 품고 있는 걱정이나 과제에 귀를 기울여 보자. 결코
헛된 시간 낭비가 아닐 것이다.

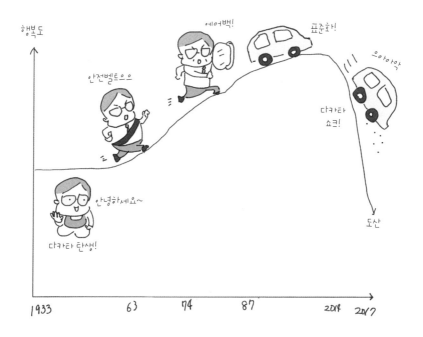

{ 다카타의 도산에서 배우는 세 가지 포인트 }

01 과감한 도전을 할 때 구성원들의 상황을 올바르게 파악한 상태에서 의사 결정을 하고 있는가?

02 리더와 구성원이 서로에게 정확한 정보를 전달할 수 있을 정도의 거리감을 유지하고 있는지 확인하자.

03 현장에 가지 않고서는 이해할 수 없는 부분도 있다는 것을 인식하자.

기업명	다카타
창업 연도	1933년
도산 연도	2017년
도산 형태	회사 재생법 적용
업종·주요 업무	자동차 부품 제조업
부채 총액	1조 823억 엔
도산 당시의 매출액	6,625억 엔
도산 당시의 사원 수	4만 5,792명
본사 소재지	일본 도쿄도 시나가와구

25

새로운 경쟁 환경에
대응하지 못해 망했다

| 매니지먼트상의 문제 편 | 기능 저하형

월마트? 아마존?
우리의 상대가
될 수 없지~

{ 시어스 }

통신 판매에서 출발해
20세기 최고의 소매 기업이 되다

시어스의 기원은 1886년으로 거슬러 올라간다. 미국 미네소타주에서 역무원으로 일하던 23세 청년 리처드 워런 시어스는 그때까지 시계를 가진 적이 없었던 시골 사람들에게 통신 판매로 회중시계를 싸게 파는 방법을 생각해 냈다. 그리고 1893년에 앨버 C. 로벅이라는 조용한 시계 장인이 사업에 가세하면서 시카고에 시어스로벅이 설립되었다. 그러나 창업에 관여했던 두 사람은 1900년대 초반에 경영 현장에서 물러났고, 줄리어스 로젠월드가 사업을 계승했다.

로젠월드가 이끄는 시어스는 순식간에 거대 카탈로그 기업으로 성장했다. 당시 농업이 중심이었던 미국의 국민들은 물건을 사러 도회지까지 가기가 현실적으로 어려웠기 때문에 행상인에게 비싼 값을 치르고 물건을 사야 했다. 이런 상황에서 사업 기회를 발견한 시어스는 상품을 대량으로 매입하고 수송하는 수단을 갖추고 '카탈로그 통신 판매'라는 비즈니스 모델을 확립한 것이다.

시어스의 카탈로그는 전화번호부 수준으로 크고 두꺼워서 '빅 북'이라고 불렸다. 이 카탈로그를 통해 시어스는 시계와 보석 등의 귀금속·잡화부터 농경용 기계, 재봉틀, 주택, 심지어 묘비까지, 그야말로 '요람에서 무덤까지' 미국 국민의 수요가 있는 모든 상품을 제공했다. 미국이라는 광대한 토지에서 '시어스만 있으면 뭐든지 손에 넣을 수 있다'라는 포지션을 확립하고 장기간에 걸쳐 소비자들에게 편의를 제공했던 것이다.

그 후 시어스의 사장이 된 로버트 E. 우드는 미국에 자동차가 대중화될 것을 내다보고 1925년 교외에 대형 주차장을 갖춘 백화점을 설립한다. 그리고 시어스는 미국의 고도성장에 발맞추어 백화점과 쇼핑센터라는 소매업을 중심에 두고 보험과 금융, 부동산 등으로 사업 다각화를 거듭했다. 1964년에는 《포천》으로부터 "시어스는 소매업자의 귀감이다", "시어스는 미국 넘버원인 동시에 2위부터 5위까지를 압도한다"라는 찬사를 받았다. 1971년에는 세계 소매업 역사상 최초로 연간 매출액 100억 달러를 돌파하는 위업을 달성했다.

이처럼 1960년대부터 1970년대 초반은 그야말로 시어스의 전성기였다. 그리고 1973년에는 당시 세계 최고의 높이를 자랑했던 110층짜리 '시어스 타워'를 건설하면서 명실상부한 소매업의 정점에 올랐다.

그러나 꾸준히 성장을 거듭하던 시어스도 이 시대를 정점으로 정체기를 맞이한다. 카탈로그를 통한 매출은 1980년대 중반에 정점(연간 약 40억 달러)을 찍은 뒤 계속 하락했다. 나중에는 비용이 더 많이 들어가서 카탈로그 판매 부문만 매년 1억 달러가 넘는 적자를 내게 되었다.

그리고 소매 부문에서도 월마트나 K마트로 대표되는 저렴한 가격을 앞세운 할인점과 고급품을 취급하는 백화점, 그리고 라인업이 충실한 '카테고리 킬러'가 출현했다. 가령 가전제품 분야에서는 서킷시티와 하이랜드스토어 같은 신흥 세력이 풍부한 상품 라인업과 저렴한 가격을 무기로 성장했으며, 의류품 분야에서는 리미티드, 갭 등의 전문점이 생겨났다.

이런 새로운 업체들의 출현으로 시어스는 '물건은 많지만 사고 싶은 것이 보이지 않는다', '크기만 할 뿐 특징이 없다'라는 몰개성적이고 어중간한 포지션에 놓이게 되었다.

점포의 가치를 살리지 못하고
'아마존 이펙트'에 결정타를 얻어맞다

1990년대 초반 이미 시어스의 경영이 불안하다는 소문이 돌고 있었는데, 그때 등장한 인물이 대형 백화점 삭스피프스애비뉴의 부사장을 지낸 재무 전문가 아서 마르티네즈였다. 그는 시어스의 경영자 자리에 앉자 1993년에 100년의 역사를 자랑하던 카탈로그 사업을 철수하는 동시에 전체의 10퍼센트가 넘는 103개 점포를 폐쇄하고 사원 5만 명을 줄였다. 그리고 본업 회귀를 외치며 금융, 보험, 부동산 등을 분리·매각하고 부의 상징이었던 시어스 타워도 매각하는 등 일련의 구조 조정을 연달아 실시해 시어스를 재건으로 이끌었다.

그러나 시어스를 둘러싼 경쟁 환경은 결코 완화되지 않았다. 의류품은 계속해서 성장하는 할인점 등에 밀렸고, 수익을 지탱하던 카드 사업은 성장이 둔화되었다. 가전제품 판매도 시장에 본격적으로 뛰어든 홈디포 등에 포위되어 갔다.

대체 시어스는 어떻게 해야 이 어중간한 포지션에서 벗어날 수 있을까? 이 질문에 대담한 답안을 제시한 인물이 2004년에 시어스를 인수한 헤지 펀드의 스타 투자가이자 억만장자인 에드워드 램퍼트였다. 2002년에 도산한 할인점 K마트를 2003년에 인수한 그는 시어스를 인수한 뒤 K마트와 합병해 '시어스홀딩스'를 설립하고 CEO 자리에 올랐다.

K마트는 인구가 많은 도시 주변에 점포를 많이 배치한 반면 시어스는 도시에 취약하다는 점에 주목한 램퍼트는 '시어스의 상품력을 1,450개나 되는 K마트의 점포에 이식해서 입지와 상품력을 통해 경쟁력을 크게 끌어올린다'는 계획을 세웠다. 그는 시어스에 "과거의 영광을 되찾아 주겠다"고 굳게 약속했으며, 세상은 그를 '차세대 워런 버핏'이라고 추켜세웠다.

결론부터 말하면 이 전략은 별다른 효과를 보지 못했다. 당시 K마트의 매장 환경은 최악이었다. 점원의 서비스 수준은 최하위였으며, 매장 관리가 제대로 되지 않아서 상품이 없거나 진열이 엉망이 되기 일쑤였다. 게다가 점포의 노후화가 상당히 진행되어 있었다.

그러나 램퍼트는 현장의 과제인 점포와 사람에 투자를 거의 하지 않았고, 그보다는 온라인 회원제 조직 구축을 우선했다. 게다가 현장의 사정을 고려하지 않고 복잡한 리워드 프로그램을 만드는 바람에 계산대를 혼란에 빠뜨렸다. 점포의 노후화는 방치되고 계산대에서는 하염없이 기다려야 하다 보니 사람들의 발길은 자연스럽게 멀어졌다.

그리고 아마존의 시대가 찾아왔다. 고객이 굳이 구닥다리 점포로 물건을 사러 가야 할 필요가 없어진 것이다. 점포와 점원이라는 자산을 보유한 소매업이 자산을 최대한 활용해서 비즈니스를 하지 않으면 눈 깜짝할 사이에 '아마존 이펙트'의 희생자가 되고 말 처지였다.

한편 점포와 점원에 대한 투자를 게을리했던 시어스는 아마존의 세력이 커지자 점포 폐쇄 등 구조 조정을 진행했지만, 자력으로 재건할 수 있는 힘은 남아 있지 않았다.

2018년 10월, 결국 힘이 다한 시어스는 연방 파산법 제11장의 적용을 신청했다. 부채는 약 113억 달러. 120년이 넘는 기간 동안 미국을 대표했던 기업이 허무하게 쓰러지는 순간이었다.

노화된 점포를 끌어안은
합병이 핸디캡으로 작용하다

2004년 램퍼트가 취임한 이후 시어스의 실정이 어떠했는지 알게 될수록 'CEO가 되어서는 안 되는 사람이 CEO가 된' 사례라는 느낌을 받는다. 램퍼트는 1년에 딱 한 번, 주주총회가 있을 때만 출근했다. 그 외에는 '억 만장자의 은둔처'라고 불렸던 마이애미 해안의 섬에서 한 발도 나오지 않 았고, 화상으로 회의를 할 뿐이었다.

회의에서는 부하가 준비한 데이터에서 부족한 부분을 찾아내 날카롭게 추궁했다. 그러나 한편으로 현장에서는 비가 새는 천장, 고장 난 에스컬 레이터, 재고 부족으로 손님의 발길이 끊긴 점포가 방치되고 있었다.

결국 램퍼트는 현실로부터 고개를 돌린 채 제대로 기능할 수 없는 현장 부재의 전략을 그리고 있었던 것이다(2011년에 램퍼트가 주주에게 보낸 편지에서 자신만만하게 전략을 웅변하는 부분을 읽으면 혼란에 빠진 현장의 상황과 괴리감이 너무 심한 나머지 애처로움마저 느껴진다).

그는 투자자로서는 우수했을지 몰라도 경영자로서는 부적격자였다. 최종적으로는 아마존이 시어스의 숨통을 끊어 버리는 형태가 되었지만, 실제로는 자멸에 가까웠다고 할 수 있다.

근본을 따지면 램퍼트의 경영은 도산 위기에서 갓 부활한 K마트와 경영위기 상태의 시어스를 합병한 데서 시작되었다. 그러나 두 회사의 노화된 점포를 대량으로 끌어안은 것은 다가올 전자 상거래 시대를 생각했을 때 너무 큰 핸디캡이었다. 요컨대 첫 단추를 잘못 끼웠을 뿐 아니라 이후의 경영 방법도 잘못되었던 것이다.

경영 현장을 모르는 경영자에게 경영을 맡길 수밖에 없던 시점에 시어스의 운명은 이미 결정되어 있었다고 할 수 있다.

우리에게 주는
메시지

역사는 참으로 얄궂은 측면이 있다. 1893년에 창업한 시어스는 통신 판매라는 유통 혁명을 일으켜 미국 전역에 물품을 배달함으로써 미국인의 생활을 더욱 풍요롭게 만들어 왔다. 그리고 100년이 지난 1993년에 통신 판매에서 철수하는데, 그 이듬해인 1994년에 마치 시어스의 유지를 잇기라도 하듯이 아마존이 새로운 통신 판매 모델을 만들어 냈다. 이윽고 시어스는 아마존의 손에 최후를 맞이했다.

기술의 진화가 눈부신 이 시대에 사업의 수명은 짧아지고 있다. 앞으로는 거대 리더 기업이 창업한 지 얼마 안 된 벤처 기업에 의해 대체되는 사례도 드물지 않을 것이다. VUCA(변화 속도가 빠르고 예측이 어려운) 시대의 철칙은 '왕좌에 있는 자일수록 경험이 일천한 이단아에게 배워야 한다'는 것이다. 100년이 넘는 장대한 세대교체 스토리는 그 원칙을 새삼 각인시켜 준다.

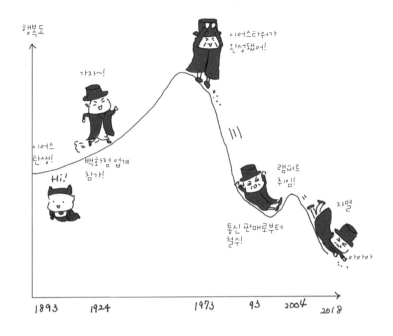

{ 시어스의 도산에서 배우는 세 가지 포인트 }

01 중요한 고객 접점인 현장의 상황을 올바르게 파악하고 적절한 투자를 하고 있는가?

02 새로운 시책을 도입할 때는 현장의 자원과 운용 방법을 치밀하게 설계하자.

03 업계의 신규 참가자나 신인 등 경험이 일천한 문외한에게서 배우는 자세를 항상 잊지 말자.

기업명	시어스
창업 연도	1893년
도산 연도	2018년
도산 형태	연방 파산법 제11장(재건형 도산 절차)
업종·주요 업무	소매업
부채 총액	113억 달러
도산 당시의 매출액	167억 달러
도산 당시의 사원 수	8만 9,000명
본사 소재지	미국 일리노이주 호프만 에스테이츠

누군가가 '전략적'이라는 말의 의미를 물어본다면 여러분은 뭐라고 대답하겠는가? 나의 대답은 다음과 같다. '전략적=생각하는 논점의 수×생각하는 시간축의 길이'.

예를 들어 '최근의 매출액만을 시야에 두고 움직이는' 상태는 논점이 지극히 한정적이며 시간축도 단기적이기 때문에 전략적이 아니라 그 대척점인 '단락적'이라고 할 수 있는 상태다. 반면에 '매출, 이익은 물론이고 경쟁자의 움직임, 고객의 기호 변화나 조직의 상태 등 숫자에는 나오지 않는 요소의 장기적인 변화를 고려하면서 앞으로 취해야 할 행동을 결정하고 있는' 상태라면 그 행동은 '전략적'이라고 할 수 있을 것이다.

이 책에서 다룬 25개 기업의 공통점을 억지로 단순화해서 정리한다면 이

들 기업은 중요한 분수령에서 전략적이 아니라 단락적이 되어 있었다고 말할 수 있다. 소고백화점, 야마이치증권, 제너럴모터스, 스즈키상점….
이 사례들은 동서고금을 막론하고 중요한 타이밍에 단락적이 되어 버리면 그것이 치명타가 될 수 있음을 가르쳐 준다.

그렇다면 우리는 일상의 현장에서 전략적으로 생각하며 움직이고 있다고 말할 수 있을까? 아주 알기 쉬운 단기적인 숫자의 인력에 마음을 빼앗겨 단락적인 의사 결정을 해 버리고 있지는 않을까?

나는 이 책을 집필하는 과정에서 나 자신이 했던 경영의 의사 결정을 종종 되돌아봤는데, 전략적이라고는 결코 말할 수 없었던 수많은 사례가 떠올랐다. 그것이 어쩌면 실패로 이어지는 내리막길의 입구일지도 몰라….
집필을 할 때마다 그런 생각에 사로잡혀서 좀처럼 진도가 나가지 않던 때도 있었다.
그런 의미에서 생각하면 이 책의 집필 과정은 결코 편하지 않았지만, 경영에 관여하고 있는 사람으로서 25개 기업에서 수업을 받으며 조금 성장한 듯한 기분이 든다. 역시 선인들이 가르쳐 주는 지혜는 위대하다는 생각이 새삼 들었다. 이 책을 손에 든 당신도 이들의 사례에서 전략적으로 행동하기 위한 힌트를 발견하기를 바란다.

이 책을 집필하는 과정에서 닛케이BP의 나카가와 히로미와 사카마키 마사노부에게 많은 도움을 받았다. 너무나 높은 집필 난이도에 몇 번씩이나 펜을 집어 던질 뻔했지만, 두 사람의 따뜻한 지원 덕분에 이렇게 완성할 수 있었다.

또한 구보 아야는 집필의 콘셉트를 정하고 내용을 검토할 때 큰 힘이 되어 주었다. 각 장을 집필한 뒤에 첫 번째 독자가 되어 객관적인 의견을 들려주고 용기를 주었다.

마지막으로 집필에 고뇌하는 모습을 멀리서 바라보며 응원해 준 아내와 두 아들에게도 감사의 말을 전하고 싶다. 아들들에게도 언젠가 이 책의 메시지가 전해지기를 기원한다.

| 참고도서 |

01 폴라로이드
《폴라로이드 전설》 크리스토퍼 보나노스, 실무교육출판
"폴라로이드 vs. 후지사진필름—단품 외길 전략 대 다각화 전략" 닛케이비즈니스 1976년 5월 24일호
"카메라는 즉석화의 시대로—미래를 응시하며 '정신통일'" 닛케이비즈니스 1978년 8월 28일호
《혁신기업의 딜레마》 클레이턴 크리스텐슨, 이진원 옮김, 세종서적

02 블록버스터
"Disruptive Innovation: Blockbuster Becomes a Casualty of Big Bang Disruption" by Larry Downes and Paul Nunes, Harvard Business Review 2013 Nov 7
"Movie Rental Business: Blockbuster, Netflix, and Redbox" by Sunil Chopra, Kellogg School of Management

03 토이저러스
《TOYS 'R' US: What went wrong》 by Arpita Agnihotri and Saurabh Bhattacharya, IVEY Publishing
《Toys 'R' Us Japan》 by Debora Spar, Harvard Business School

04 소고백화점
《신의 추락—소고백화점과 일본흥업은행의 잃어버린 10년》 에바토 데쓰오, 신초사
《소고백화점의 세이부백화점 대(大) 포위 전략》 와타나베 가즈오, 갓파비즈니스
《거대 도산》 아리모리 다카시

05 MG로버
"영국 로버 지원, 제동을 늦게 건 BMW" 닛케이 산업 신문 1999년 2월 9일
〈MG Rover's Supply Chain Disruption〉 by James B. Rice Jr. Harvard Business Review
"전략적 제휴" 게리 하멜, C. K. 프라할라드, 이브스 도즈, DIAMOND 하버드 비즈니스 리뷰 2005년 2월호

06 제너럴모터스
《GM의 변명》 윌리엄 홀스타인, PHP연구소
《복지전쟁 : 연금제도가 밝히지 않는 진실》 로저 로웬스타인, 한국경제신문사

07 코닥
《경쟁 우위의 종말》 리타 맥그레이스, 경문사

《최강의 '이노베이션 이론' 집중 강의》아베 데쓰야, 일본실업출판사
《코닥과 디지털 혁명》 by Giovani Gavetti, Rebecca Henderson, Simona Giorgi, Harvard Business School
"조지 이스트먼—휴대용 카메라로 세계를 바꾼 발명가" 다이아몬드 온라인 2008년 9월 25일

08 웨스팅하우스
《도시바—원자력 패전》오니시 야스유키, 분슌e-book
《도시바의 숨겨진 역사》FACTA편집부, 분게이슌주
《테헤란에서 온 사나이》고다마 히로시, 쇼가쿠칸
《The Failure of Westinghouse》 by Michael H. Moffett, William E. Youngdahl, Thunderbird School of Global Management

09 스즈키상점
《잊힌 종합 상사 스즈키상점》가쓰라 요시오, 현대교양문고 사회사상사
《여주인》다카오카 가오루, 신초문고
스즈키 상점의 역사 http://www.suzukishoten-museum.com/footstep/history/

10 베어링스은행
《베어링스 붕괴의 진실》스티븐 페이, 시사통신사
《금융가의 불한당》닉 리슨, 이종인 옮김, 시공사

11 엔론
《엔론 붕괴의 진실》Peter C. Fusaro, Ross M. Miller, 세무경리협회
《허영의 흑선—소설 엔론》구로키 료, 프레지던트사

12 월드컴
《미국 경영의 함정》히가시타니 사토시, 일간공업신문사 B&T 북스
《미국이 이상해지고 있다》오시마 하루유키, 야지마 아쓰시, NHK 출판
《엔론·월드컴 쇼크》미즈호종합연구소, 도요게이자이신보사

13 산코기선
《좌초—다큐멘터리 산코기선》니혼게이자이신문 특별 취재반, 니혼게이자이신문사
《다큐멘터리 침몰—산코기선의 영광과 좌절》마이니치신문사 경제부 편, 마이니치신문사

14 엘피다메모리
《바라지 않은 패전》사카모토 유키오, 니혼게이자이신문 출판사
《성론으로 경영하라》사카모토 유키오, 웨지
《엘피다는 되살아났다》마쓰우라 신야, 닛케이BP
《일본 '반도체' 패전》유노가미 다카시, 분코사 페이퍼백스

15 야마이치증권
《파멸의 유전사—야마이치증권의 흥망 100년사》스즈키 다카시, 분슌문고
《야마이치증권의 실패》이시이 시게루, 닛케이비즈니스인문고
《후위》기요타케 히데토시, 고단샤+α문고
《회사 장송》에바토 데쓰오, 가도카와문고

16 홋카이도척식은행
《마지막 은행장—홋카이도척식은행 도산 20년 후의 진실》가와타니 사다마사, 다이아몬드사
"홋카이도척식은행이 도산한 원인을 알기 쉽게 설명해드립니다—홋카이도 최대의 은행에
대체 무슨 일이?" https://uitanlog.com/?p=4848

17 지요다생명
"생명 보험 회사의 경영 파탄 요인" 우에무라 노부야스, 보험학잡지 2007년 9월
"새 사장 등장—간자키 야스타로 씨" 닛케이비즈니스 1982년 5월 17일호
"제2차 세계대전 이후 최대! 지요다생명이 도산에 이른 3개월의 진실" 주간 다이아몬드
2000년 10월 21일호

18 리먼브라더스
《Lehman Brothers》by Tom Nicholas, David Chen, Harvard Business School
《12대 사건을 통해 읽는 현대 금융 입문》구라쓰 야스유키, 다이아몬드사

19 마이칼
《니치이 MYCAL 그룹의 도전》야마자키 세이분, 다이아몬드사
《재건시켜 보이겠어! 다큐멘터리 '마이칼 부활' 150일》가토 고, 비즈니스사
"마이칼은 왜 수렁에 빠졌는가" 이코노미스트 2001년 9월 11일호
"왜 마이칼은 실패했는가" 이코노미스트 2001년 10월 2일호

20 노바
"NOVA가 구사하는 영어로 돈 버는 방법—그들이 '1강'인 이유" 주간 이코노미스트 2003년
10월 28일호
"'간사이 창업가 열전' 사하시 노조무 NOVA 대표 (상)"(연재) 오사카 요미우리신문 2004년
11월 28일
"NOVA, 첫 적자 전환—'지나치게 저렴한 요금'이 수익을 압박, 교실 수 확대가 자사 내 경
쟁을 초래하다." 닛케이 MJ 2006년 6월 2일
"적자로 전환한 '역 앞 유학'의 향후는?—NOVA 사하시 대표" 아사히신문 2006년 7월 19일
"패군지장이 용병술을 이야기하다—사하시 노조무 씨 '역 앞 유학' 해약 트러블에는 오해가
있다" 닛케이비즈니스 2007년 3월 5일호

21 하야시바라
《하야시바라 가문—동족 경영에 울리는 경종》 하야시바라 겐, 닛케이BP
《파탄—바이오 기업 하야시바라의 진실》 하야시바라 야스시, WAC
《배신—은행·변호사의 검은 획책》 하야시바라 야스시, WAC

22 스카이마크
"다큐멘터리 HIS 항공 업계 참가의 충격" 닛케이 비즈니스 1996년 12월 2일호
"적자 40억 엔·채무 초과, 안정 비행을 위해 넘어야 할 고비" 닛케이 비즈니스 2000년 3월 13일호
"LCC 참가가 가져온 가격 파괴" 주간 다이아몬드 2011년 11월 19일호
"에어라인 서바이벌" 이코노미스트 2012년 7월 31일호
"위태로운 자금 상황, 다난한 재건" 닛케이 비즈니스 2015 2월 9일호
"스카이마크 도산" 니혼게이자이신문 2015년 2월 10일
"스카이마크 탈취를 둘러싼 공중전" 주간 다이아몬드 2015년 4월 4일호

23 콘티넨털항공
《대역전! 콘티넨털항공 기적의 부활》 고든 베순, 스콧 휼러, 닛케이BP
《사무라이 미국 대기업을 재건하다!!》 쓰루타 구니아키, 슈에이사
《Gordon Bethune at Continental Airlines》 by Nitin Nohria, Anthony J. Mayo, Mark Benson, Harvard Business School

24 다카타
"Automotive Report: 질산암모늄 '악당론'에 대해 다카타 기술자가 이야기하다—흡습 후의 파열은 '몰랐다'." 닛케이 Automotive 2016년 1월호
"다카타 재생법 신청—창업 가문의 총수 끝까지 책임 회피" 산케이신문 2017년 6월 27일
"다카타 도산의 오산과 과신 (하) 실수 연발, 풀어진 현장—창업 가문의 절대 권력이 의사소통을 악화시키다" 니혼게이자이신문 조간 2017년 6월 29일
"다카타의 도산이 제기하는 '일본의 품질'에 대한 의문" 닛케이비즈니스 2017년 8월 7일호
"다카타의 경영 파탄에서 배워야 할 것" 비즈니스 로 저널 2017년 10월호

025 시어스
《거대 백화점 재건》 아서 마르티네즈, 찰스 매디건, 닛케이BP
《시어스의 운명》 도널드 R. 카츠, 다이아몬드사
《샘 월턴—시어스를 떠난 월마트의 창업자》 밴스 H. 트림블, NTT출판

잘나가던 기업이
왜 망했을까?

초판 1쇄 발행 2021년 3월 18일

지은이 아라키 히로유키
옮긴이 김정환
펴낸곳 (주)에스제이더블유인터내셔널
펴낸이 양홍걸 이시원

블로그·인스타·페이스북 siwonbooks
주소 서울시 영등포구 국회대로74길 12 남중빌딩 시원스쿨
구입 문의 02)2014-8151
고객센터 02)6409-0878

ISBN 979-11-6150-454-4 03320

이 책은 저작권법에 따라 보호받는 저작물이므로 무단복제와
무단전재를 금합니다.
이 책 내용의 전부 또는 일부를 이용하려면 반드시
저작권자와 (주)에스제이더블유인터내셔널의 서면 동의를 받
아야 합니다.
시원북스는 (주)에스제이더블유인터내셔널의 단행본 브랜드
입니다.

독자 여러분의 투고를 기다립니다.
책에 관한 아이디어나 투고를 보내주세요.
cho201@siwonschool.com